赞比亚政策法规须知（2022）

王　新　编著

中国商务出版社

图书在版编目（CIP）数据

赞比亚政策法规须知. 2022 / 王新编著. —北京：中国商务出版社，2022.10
ISBN 978-7-5103-4410-7

Ⅰ. ①赞… Ⅱ. ①王… Ⅲ. ①法规－汇编－赞比亚－2022 Ⅳ. ①D947.309

中国版本图书馆 CIP 数据核字（2022）第 157982 号

赞比亚政策法规须知（2022）
ZANBIYA ZHENGCE FAGUI XUZHI (2022)

王　新　编著

出　　版：	中国商务出版社
地　　址：	北京市东城区安定门外大街东后巷 28 号　　邮　编：100710
责任编辑：	云　天
总 发 行：	中国商务出版社（010－64515150）
网　　址：	http://www.cctpress.com
排　　版：	北京宝蕾元科技发展有限责任公司
印　　刷：	北京印匠彩色印刷有限公司印刷
开　　本：	787 毫米×980 毫米　1/16
印　　张：	15　　　　　　　　　　　　　　　字　数：200 千字
版　　次：	2022 年 10 月第 1 版　　　　　　　印　次：2022 年 10 月第 1 次印刷
书　　号：	ISBN 978－7－5103－4410－7
定　　价：	78.00 元

凡所购本版图书有印装质量问题，请与本社综合业务部联系。（电话：010－64212247）

版权所有　盗版必究（盗版侵权举报可发邮件到本社邮箱：cctp@cctpress.com）

序 一

王新编著的《赞比亚政策法规须知（2020）》即将由中国商务出版社正式出版，这是赞比亚华侨华人界可喜可贺的一件好事。

从1991年来到赞比亚，我已经在这个南部非洲国家工作和生活了30年，赞比亚已经成为我的第二故乡。30年前，来到海外尤其是来到非洲国家的中国人，基本上都是经过严格筛选的公派出国人员，普遍接受过高等教育，具有维护祖国形象的自觉性。那个时代的侨胞普遍以身作则，自觉遵守当地的政治法律和文化习俗，赞比亚社会各界对中国人也十分友好和宽容，营商环境和谐而单纯。

2010年以来，赞比亚在国际金融机构的帮助下已经摘掉"重债穷国"的帽子，政府具备一定的可支配财力，上马了一批基础设施建设项目。2013年以来，随着"一带一路"战略的实施，以央企和地方国企为主导的大型基础设施建设项目陆续进入非洲。新的发展机遇，使越来越多的中资企业和侨胞不远万里来到赞比亚。与此同时，赞比亚长期稳定的政治和社会治安环境，也使得原先在南非、安哥拉、刚果（金）和博茨瓦纳等周边国家经商的部分侨胞逐渐向赞比亚迁移。迄今为止，赞比亚这个偏隅于南部非洲的内陆国家聚集了1000家左右的中资企业，大约有三至五万侨胞。

来自五湖四海的中国人在赞比亚工作、经商、生活，乃至于繁衍生息，使得这里的生活环境越来越热闹。同时，良莠不齐的侨胞在赞比亚投资兴业，使得这里的营商环境越来越复杂。随着时间的推移，关于中国人违法犯罪的新闻报道频繁见诸报端，有关中国人的风吹草动逐渐成为当地报纸、电视台、社交媒体的关注焦点。凡有侨胞触犯当地法律的事件发生，经常引发当地的负面舆论，有时还受到某些政治力量的利用，掀起或轻或重的反华情绪。

在这种背景之下，赞比亚华侨华人总会应运而生。2015年10月，我和中润集团董事长邹凌经过商议，邀请了赞比亚江西、河南、福建、川渝、东北等几个同乡会的会长以及部分热心老侨胞，发起成立了赞比亚华侨华人总会（简称总会）。这个侨社的初心就是聚集一批志同道合者，以"公正担当、心系祖国、传递正能量"为宗旨，"人人共建，人人共享"，传播中国人的正面形象，为深化中赞传统友谊、促进中赞经济文化交流发挥应有的民间作用。如果说总会运作存在什么功利心，那么这个功利心就是号召越来越多的中国企业和侨胞共同遵纪守法、正规经营，积极回馈当地社会，密切关注民生疾苦，共同维护好赞比亚这个好几万中国人共同投资、经商、侨居的绿洲。总会成立后，搭建政策法律信息服务平台，建立紧急医疗救助中心和治安联防组织，积极推进公益慈善工作，承办中国文体活动等等，以务实的作风做了不少工作，为赞比亚华侨华人社区树立了一股正气，也使总会成为数万侨胞最信赖的侨社。为了将侨社工作拓展到卢萨卡以外的侨胞聚集区域，2016年5月，总会在赞比亚工业重镇铜带省成立了分会，王新成为众望所归的铜带省分会会长。

王新既是中国南开大学的经济学硕士，也是美国名校伦斯勒理工学院（RPI）的管理学硕士，有知识、有文化、有抱负、有情怀，是20世纪中国大学精英教育的典型代表。在国内，他曾经担任天津经济技术开发区管理委员会政策研究室和法制处的副处级调研员，了解中国的政策法规工作；2007年至2010年，他曾经担任中国有色矿业集团公司所属的赞比亚中国经济贸易合作区规划招商部经理，对赞比亚的政策法规有深入研究。在赞比亚的十几年里，他长期投身于社会公益事业，见义勇为，助人为乐，是赞比亚公认的优秀侨领；同时，他坚持每年翻译赞比亚新闻报道和政策法规达数十万字，常年为中国同胞提供法律咨询和帮助。最近几年，他先后整理编译了《赞比亚最低工资法规（2018）》《赞比亚政策法规须知（2018）》《赞比亚政策法规须知（2019）》，以总会内部出版物的形式印刷发行，受到了赞比亚广大中资企业和华侨华人的欢迎，出现了供不应求的现象。

序 一

这次正式出版的《赞比亚政策法规须知（2020）》，补充了赞比亚最新的政策法规内容。这本书不仅凝聚了王新多年研究赞比亚政策法规的心血，而且体现了王新作为一名优秀侨领的责任担当。相信这本书的正式出版和发行，对于促进赞比亚华侨华人合法、合规经营具有重要意义，也将引导更多的华侨华人走正道、树正气、传播正能量。今后，我将一如既往地支持王新出版这本书，并且每年或者每两年修订一次。

张 键

赞比亚华侨华人总会会长

序　二

认识王新会长多年，他就像永远运转良好的信息发射塔，风雨无阻、源源不断地为我提供日常的新鲜资讯，更像行走的百科全书，总是能够为我因为不能在现场而产生的很多研究中的隔膜和障碍提供解答。我只是"信息发射塔"和"行走的百科全书"的受益人之一，这本小书《赞比亚政策法规须知（2020）》恰好体现了他这种"为公"的自觉自愿。

这本 200 多页的书，干货满满，对于像我这样的非洲研究专业人士实在是大有裨益，因为它绝不是把赞比亚政策和法律相关条文资料拿来，通过"剪刀＋浆糊"简单拼凑而成的，而是基于作者多年在赞比亚工作生活，特别是作为侨社领导，了解、接触到大量华人华侨由于不了解当地政策法规而遭遇的种种惨痛教训，从而有针对性地选择与赞比亚投资生活休戚相关的十大领域的政策法规、并对相关内容进行以问题为导向的有针对性的解读。这十大领域包括投资鼓励政策、行业保护政策、企业注册须知、移民事务须知、税收管理须知、劳动管理须知、土地交易须知、进出口贸易须知、流动资金须知和其他须知（如枪支管理法规须知、交通管理法规须知）。长期跟踪中非关系的学者都知道，这十大方面的选择都是关键问题，是影响经济合作成功与否的关键，比如往往不被中国业内人士了解和关注的非洲国家采取的行业保护政策，是长期处于全球行业分工链底端的非洲国家保护仅有民族产业的无奈选择，比如赞比亚的家禽业、制砖业和采石业、涉及公共采购的国内运输业、建筑业等，作为外来者的中国资本有可能在不知不觉中触碰到"民族主义"的神经而引发当地人的不满和抵制。在移民事务注意事项部分，作者专门讲解了关于持旅游签证入境后的注意事项、关于工作许可证使用的注意事项，显然这是中国人到非洲从事经济活动时最经常出问题的地方，因以旅游签证身份从业或者工作许可证出现某些问题而被拘押甚至遣返的案例屡见不鲜。此外，作者还在这部分精心设计了关于工作许可证变更雇主相关问题的答疑、关于《移民和驱逐法》部分条款的解读、铜带省移民局负责人关于移民法规的答疑几个环节，更是针对华人生产生活中困惑较多的问题，用情境化的生动语言予以解释。针对困扰华人比较多的土地问题，作者也特别用小节的方式单列出来，提醒近年来大量介入赞比亚土地开发方向的华人投资要注重办理土地证问题。华人与当地人交往的另外一个棘手领域是劳资问题，作者也别出心裁地从语义学上对于退职金（Gratuity）等中国语境中陌生的词汇给予在赞比亚现实语境中翔实生动的解读；类似的，还有对最新的 2020 年劳动法豁免条例、工伤事故的合法处理流程、中国公民在赞比亚去世的后事处理程序等非常棘手但又是华人生产生活中绕不开的问题进行了生动的讲解。

作为"老赞比亚"，长期为华人社区提供帮助和各种服务的侨社领导，这本书有如下优点：

1. 对相关赞比亚法律的提示和重要信息的解释周详，有助于读者了解该政策和法规的来龙去脉，并根据作者提示的实际应用环节、注意事项关注到日常疏漏的信息。

例如在介绍 1996 年第 40 号法律《国家养老金计划管理局法［National Pension Scheme Authority（NAPSA）Act］》时，作者特别提醒，"根据该法律，雇主必须给所有员工缴纳养老金费用（NAPSA fee），既包括家里的女佣，也包括政府公务员"。再如，关于签证部分，作者特别提醒要核对机场移民官盖的签证章，看是否是"V30D"的签证章（含义为"旅游签证 30 天"），因为有时由于语言沟通方面的障碍，机场移民官也可能盖不足 30 天的签证章，例如"V14D（旅游签证 14 天）""不要想当然地认为获得 30 天的签证"。

2. 使用大量情境化的案例，用类似沙盘推演的方式讲解分析法规及其执行过程中的注意事项，生动易懂。

这一特点主要体现在作者对于与工作证相关的种种复杂情况中，比如

"当 A 公司的工作证持有人出现在 B 公司的工作场所",或者"当 A 公司的工作证持有人出现在 B 公司的车辆",等等情况。实际上往往是由于华人出于安全便利、节约开支等方面的原因搭"顺风车"的行为,就有可能"惹祸上身,轻则被敲诈勒索,重则被限期离境"。作者强烈建议华侨华人不要搭轻型或者重型卡车的"顺风车",实在需要的话,请选择小轿车、面包车或者越野车等车型。在这一部分,作者还"推演"了另外一些容易引起移民官怀疑的情形,比如穿着敏感的企业制服从事与工作证不相符的职位、甚至某些拿着"英语翻译"职位工作证的华侨华人对移民官的盘问内容"一问三不知"等。

再如关于 2019 年赞比亚新劳动法中出现的新名词退职金(Gratuity),许多中资企业的老板或相关业务负责人对于该名词的含义存在或多或少的误解,与此相关的劳资纠纷案件正在逐渐上升。作者首先从语义学角度解读 gratuity 在英文中的"赏金、小费"的意思,经济生活中被广泛用于因获得某项服务或者优待而支付的资金,新劳动法将其作为强制性规定,并且明确为年基本工资总额的 25%(即符合条件的员工每干满一年,有权要求雇主额外支付 3 个月基本工资作为补偿)。赞比亚劳动部时任劳动专员、现任常秘 Chanda Kaziya 应赞比亚华侨华人总会铜带省分会的邀请,在铜带省基特韦市举办关于新劳动法的讲座,曾经明确表示签订固定期限劳动合同的员工主动辞职、不辞而别或者雇主按照劳动纪律开除员工时,雇主不需要支付任何退职金;尽管如此,作者仍然非常中肯地提醒说,"在实践中可以参考该官员的建议,但严格来说,他的建议并没有充分的法律依据"。

第三个特点:动态跟踪法律条例的变化,官方更新的内容都给与了翔实周到的解读。

以赞比亚新劳动法(法定名称为 2019 年第 3 号法律《雇用法典法(Employment Code Act)》,于 2019 年 5 月 10 日开始实施)为例,作者着重提示了新法律实施的时间、变动的内容的,比如赞比亚自从 20 世纪 80 年代末私有化以来,长期工作临时化(Casualization)一直是最敏感、有争议的问题,因为这涉及这个大量人口从事矿业的国家中太多人的工作就业问题。本书作者提出,新劳动法继续禁止资方这种不利于劳工的临时化举措，而区别临时工作和长期工作的分界线就是该项工作能不能在6个月之内完成，而且规定雇主对于临时雇员（casual employee）需要支付比正式雇员高出25％的额外酬金（casual loading，指按照小时工资的25％支付的额外的每小时报酬）；相关的，作者也联系实际对"临时雇员（casual employee）""替班雇用（temporary employment）"两个特别容易混淆的概念进行了深入辨析。

新冠疫情暴发以来，以赞比亚雇主协会（ZFE）为代表的有关方面纷纷投诉这部即将全面实施的新劳动法对于雇主过于苛刻，有可能使苦苦挣扎的雇主陷入破产的境地。赞比亚劳动部长Joyce N. Simukoko与赞比亚雇主协会（ZFE）、赞比亚工会联合会（ZCTU）等有关方面进行协商之后，已经颁布法令允许新劳动法的部分条款暂时不适用于相关人员。作者进而"推演"，如果有人想钻新劳动法的空子，把长期的工作任务"化整为零"，聘请临时雇员来工作，每天结算工资，以为这样做可以避免支付"离职金"或"退职金"，那就大错特错了。首先，这种做法有可能被劳动主管部门判定为违法行为而遭到处罚；其次，按照新劳动法的规定，临时雇员固然无权获得离职金（Severance Pay），但有权获得额外酬金（Casual Loading）。

第四个特点：作为"老赞比亚"，长期为华人社区提供帮助和各种服务的商会领袖，本书可以说是最接地气的实用万能法律大全和行动指南，为华人社区具体的难题支招。

比如本书在前文提到的全面深入地辨析"临时雇员""替班雇佣"的基础上，为中国雇主提供了实用的建议；作者进而分析了与劳动福利和保障相关的赞比亚的婚姻家庭状况与中国完善的户口管理制度大相径庭之处，提出了中国雇主在辨识雇员配偶和孩子身份方面的难题可以通过雇用之前填报的相关登记表等方法得到解决。

实用性的另一个体现是，对于华人雇主经常采用的最低工资，本书列出了赞比亚政府规定的不同级别的所有行业工种的最新工资标准，从1级，如解开或者缠绕包装的工人、送货车助理（delivery vehicle assistant）、普通工人（general worker）、做杂事的工人（handy person）、办公室勤杂工

（office orderly）、门卫（watch person），到7级，如信用管理员（credit controller）、主管（supervisor）、橱窗设计师等悉数列出，而且包括了基本工资、住房补贴、交通补贴、午餐补贴、工资总额等所有栏目。

如果进一步解读，还可以发现这本书更多的优点。作者曾经获得南开大学经济数学和经济管理学双学士、经济学硕士，美国仁斯利尔理工学院（Rensselaer Polytechnic Institute）管理学硕士，历任天津经济技术开发区政研室副处级调研员、中国有色矿业集团公司所属赞比亚中国经济贸易合作区发展有限公司规划招商部经理、赞比亚利顺德投资有限公司董事长兼总经理，这些丰富的履历和专业的历练保证了本书专业术语的精当对译和实用诠释方面的品质保证。对于这样一本目标是为在赞比亚的3万华人华侨和可能即将进入赞比亚的更多投资者服务的书，王新会长解释他的初衷很朴素："来赞比亚的中国人越来越多，难免有鱼龙混杂的现象。有的人把国内的习惯带过来，可能要吃亏。看看这本册子，可能有好处。我觉得这就足够了。如果说的深一点，还有中赞友好关系久经考验、来之不易，希望大家不要给中国人的形象抹黑。"

刘海方

北京大学非洲研究中心

目　录

第 1 章　投资鼓励政策 ·· 1
　1.1　税收优惠政策 ·· 1
　1.2　非税收优惠政策 ·· 4
　1.3　便利性措施 ·· 4
　1.4　投资保护的法律框架 ·· 5
　1.5　关于投资额的规定 ·· 5

第 2 章　行业保护政策 ·· 7
　2.1　家禽业 ·· 7
　2.2　制砖业和采石业 ·· 8
　2.3　涉及公共采购的国内运输业 ·· 8
　2.4　建筑业 ·· 9
　2.5　矿产贸易业 ·· 9

第 3 章　企业注册须知 ··· 11
　3.1　公司注册证书 ··· 11
　3.2　投资注册证书 ··· 12
　3.3　特定行业许可证书 ··· 13

第 4 章　移民事务须知 ··· 20
　4.1　雇主专用账户 ··· 20

- 4.2 工作许可证 ·· 21
- 4.3 投资者许可证 ·· 26
- 4.4 居民许可证 ·· 29
- 4.5 临时工作证 ·· 33
- 4.6 临时许可证 ·· 34
- 4.7 探亲许可证 ·· 36
- 4.8 学生许可证 ·· 37
- 4.9 配偶许可证 ·· 39
- 4.10 电子签证 ··· 40
- 4.11 关于持旅游签证入境后的注意事项 ························· 43
- 4.12 关于工作许可证使用的注意事项 ··························· 44
- 4.13 关于工作证变更雇主相关问题的答疑 ······················· 47
- 4.14 关于《移民和驱逐法》部分条款的解读 ····················· 52
- 4.15 铜带省移民局负责人关于移民法规的答疑 ··················· 60

第 5 章 税收管理须知 ·· 67
- 5.1 所得税 ·· 67
- 5.2 增值税 ·· 72
- 5.3 关税 ·· 73
- 5.4 国内消费税 ·· 73
- 5.5 资产转移税 ·· 75
- 5.6 矿产资源税 ·· 75
- 5.7 博彩业税收 ·· 76
- 5.8 其他税收 ·· 76
- 5.9 纳税期限 ·· 76

第 6 章 劳动管理须知 ·· 79
- 6.1 劳动法规体系简介 ·· 79
- 6.2 新劳动法解读 ·· 82

  6.3 劳动纪律和违纪处分 ··· 123
  6.4 劳动合同模板和释义 ··· 134
  6.5 最低工资法规要点 ·· 147
  6.6 国家养老金保险和医疗保险计划的比较 ····················· 154
  6.7 关于退职金（Gratuity）的解读 ································ 156
  6.8 关于 2020 年劳动法豁免条例的解读 ························· 161
  6.9 关于带薪休假（Paid Leave）的解读 ························ 167
  6.10 关于工伤事故的合法处理流程 ································· 169
  6.11 案例释法 ··· 172
  6.12 关于中国公民在赞比亚去世的后事处理程序 ··········· 175

第 7 章 土地交易须知 ·· 177
  7.1 非赞比亚公民获得赞比亚地契的资格条件 ················ 177
  7.2 土地交易程序 ·· 178
  7.3 土地法庭 ·· 180
  7.4 土地交易注意事项 ·· 180
  7.5 土地开发过程需要办理的许可证 ······························· 182

第 8 章 进出口贸易须知 ··· 185
  8.1 海关清关和估价 ·· 185
  8.2 关税结构 ·· 185
  8.3 进口限制 ·· 185
  8.4 卫生和植物检疫规定 ··· 186
  8.5 出口程序 ·· 186
  8.6 区域协定 ·· 186

第 9 章 资金流动须知 ·· 189
  9.1 银行开户须知 ·· 189
  9.2 银行转账须知 ·· 193

9.3 支票使用须知 ……………………………………………… 193

第 10 章 其他须知 …………………………………………… 195
10.1 枪支管理法规须知 ………………………………………… 195
10.2 交通管理法规须知 ………………………………………… 201
10.3 执法程序须知 ……………………………………………… 211
10.4 警方关于人身攻击案件的处理流程 ……………………… 217
10.5 中赞两国文书的相互认可程序 …………………………… 218
10.6 赞比亚的公共假期（2022 年）…………………………… 219

后 记（2020）……………………………………………… 220

后 记（2022）……………………………………………… 221

第1章 投资鼓励政策

1.1 税收优惠政策

1.1.1 所得税

所得税的优惠政策包括：

- 在卢萨卡证券交易所上市的公司第一年享受 2% 的公司所得税减免，如果公司股权超过 1/3 属于赞比亚人，则享受 7% 的减免；
- 从事农业、制造业或旅游业的公司的机器设备在开业前两年享受每年 50% 的折旧抵扣；
- 从事制造业、采矿业或宾馆业的公司的建筑物在开业第一年享受 10% 的折旧抵扣，以后每年按 5% 折旧抵扣；
- 从事采矿业和农业的公司进口的大部分资本性设备免征关税；
- 每年营业额低于 80 万克瓦查的企业按照其营业额的 4% 征收营业税（Turnover Tax）；
- 财政部长批准的公益组织（Public Benefit Organization）的商业利润适用的公司所得税减按 15% 征收；
- 从事化肥生产业务的公司所得税减按 15% 征收；
- 农业和农产品加工业的公司所得税减按 10% 征收；
- 从事电解铜加工产品制造业务的公司所得税减按 15% 征收；
- 用于树根清除、场地整理、土壤侵蚀的防治、水井钻探、航空勘测、地质调查和水源涵养等农业支出可按 100% 的比例抵扣；
- 用于种植咖啡、香蕉、柑橘类水果或其他类似植物的资本性支出可按 10% 的比例进行抵扣；
- 用于农业改造项目的资本性支出可在支出发生的当年享受抵扣；
- 来自农业所得的分红在公司开业的前五年免征所得税；
- 用于工业建筑物建设或改造的资本性支出享受 10% 的初次抵扣；
- 因建设工业或商业房产而贷款所产生的汇兑损失可进行抵扣；
- 组装机动车辆、摩托车和自行车的公司分红自首次宣布分红起的五年内免征所得税。
- 亏损结转见表 1-1。

表 1-1

行业	年限
铜、钴开采业	10 年
其他矿产开采业	5 年
非采矿业	5 年
农业和非传统产品出口业	5 年

1.1.2 增值税

增值税的标准税率为 16%，涉及增值税优惠的政策为：
- 进行增值税注册的企业进口符合条件的资本性货物可以缓征增值税（即延期缴纳增值税）；
- 应税产品出口免征增值税；
- 转让持续经营的企业可以缓征增值税；
- 平等对待反向增值税（VAT-Reverse）的服务；
- 某些行业协会会员企业可以采用现金收付制，例如建筑和工程承包商协会；
- 注册供应商进行采购而支付的进项税可以缓征增值税；
- 在增值税注册之前已经营业的公司可申请返还注册前三个月的进项增值税；
- 在免税区经营的投资者可享受增值税减免。

享受增值税特别优惠的行业如下：

农业

- 在增值税注册之前已经营业的公司可申请返还注册前三个月的进项增值税；
- 在免税区经营的投资者可享受增值税减免。

制造业

- 根据商业性出口商计划（Commercial Exporters Scheme）采购和出口赞比亚产品的非本地企业可申请返还在赞比亚缴纳的增值税；
- 增值税注册之前已经营业的公司可申请返还注册前三个月的进项增值税；
- 正式投产前两年的进项增值税可申请返还。

采矿业

- 矿业公司用于投资的机械设备，适用于增值税的零税率；
- 矿业公司生产的电解铜在国内销售，适用于增值税的零税率；
- 采矿企业在投产前五年所支付的勘探费用可申请返还进项增值税；
- 出口矿产品免征增值税。

能源业

- 为了促进替代性能源的使用和推广，液化石油气（LPG）、全部或者部分使用液化石油气（LPG）作为燃料的炉灶适用于增值税的零税率。

旅游业

- 团组旅游业务免征增值税；
- 其他旅游服务业务免征增值税；
- 非居民游客享受增值税退税；
- 外国游客临时进口的物品免征进口税。

1.1.3　关税优惠

大多数资本性设备的关税税率为 0~5%。享受关税优惠的行业如下：

能源业

- 从 2020 年 1 月 1 日起，液化石油气（LPG）免征关税。

水产业

● 从 2020 年 1 月 1 日起，水产业的部分机械设备暂停征收关税三年。

废弃物处理业

● 从 2020 年 1 月 1 日起，利用固体废弃物生产电力和有机肥料的机械设备暂停征收关税三年。

旅游业

● 从 2020 年 1 月 1 日起，旅游企业进口的宣传资料免征关税。

其他

● 从 2020 年 1 月 1 日起，对于遭受自然灾害的有关人员提供人道主义援助的进口物资，一律免征关税（以前实行个案审批）；

● 从 2020 年 1 月 1 日起，进口到保税仓库，又从保税仓库出口到其他国家的货物，免征出口关税。

此外，根据退税计划的规定，符合下列条件的企业可免征关税：

● 公司或个人必须从事制造业；

● 公司或个人必须是出口商或有意从事出口业务；

● 公司或个人必须从事除采矿业以外的任何其他行业。

1.2　非税收优惠政策

除税收优惠政策之外，《赞比亚发展署法》（Zambia Development Agency Act）还规定了非税收优惠政策。投资额不低于 25 万美元的投资者，有权获得一个投资者许可证和最多五名外籍员工的工作许可证。

1.3　便利性措施

除了提供税收和非税收优惠政策，赞比亚发展署还为经过注册的投资者提供下列便利性服务：

● 获得土地；

- 获得投资所需的水、电、交通和通信服务和相关设施；
- 在赞比亚居留身份的合法化；
- 获得在任何特定行业经营企业所需的其他许可证；
- 获得可能需要的任何其他后续支持。

1.4 投资保护的法律框架

投资者除了可享受赞比亚发展署提供的税收优惠政策和相关服务外，还可以享受其他优惠，包括获得下列投资保障：

- 没有价格、利率和外汇管制，允许偿债资金自由汇出。
- 合法获得的利润和红利，可以自由汇出。
- 《赞比亚发展署法》向投资者保证其财产权将受到尊重。除非国会通过关于强制征收某项财产的特定法律，任何形式的投资不得被征收。即使投资者的财产在极端情况下被征收，赞比亚政府将以市场价值为基础进行完全补偿，并按现行汇率进行兑换。
- 赞比亚是世界银行多边投资保护协定（Multilateral Investment Guarantee Agency）、非洲贸易保险协定（Africa Trade Insurance Agency）和其他国际条约的签约方。这为外国投资者提供了在战争、冲突、灾难和其他骚乱或者强制征收等情形下的投资保障。
- 赞比亚还与包括中国在内的许多国家签署了双边互惠的投资促进和保护协定，从而使投资者免受非商业性风险。
- 赞比亚的法律制度比较健全，拥有解决各种争端的公正平台。

1.5 关于投资额的规定

《赞比亚发展署法》（Zambia Development Agency Act）对于投资额没有任何限制，但对于下列特定目的有如下限制：

第一，如果希望向赞比亚移民局申请投资者许可证（Investor's Permit，简称IP），那么投资额不得低于25万美元。

第二，如果希望向赞比亚发展署申请投资注册证书（Investment Certificate of Registration），那么外国人控股的企业投资额不得低于 25 万美元，赞比亚公民控股的企业不得低于 5 万美元。

第三，如果希望向赞比亚税务局申请优先行业或产品的税收优惠政策（暂停执行），那么投资额不得低于 50 万美元。

第 2 章 行业保护政策

根据2006年第9号法律《公民经济赋权法》（Citizens Economic Empowerment Act）第21（1）和第21（2）的规定，2015年10月19日举行的赞比亚政府内阁会议原则批准制定行业保留计划（Reservation Schemes），把家禽业（Poultry sector）、采石业（Quarrying）、制砖业（Block Making）、国内运输业（Domestic Haulage）列为保留行业，只允许赞比亚公民（Citizens）、公民有影响力的公司（Citizen Influenced Companies）、公民获得授权的公司（Citizen Empowered Companies）、公民所有的公司（Citizen Owned Companies）进入这些行业。

根据《公民经济赋权法》的界定，公民有影响力的公司是指赞比亚公民拥有5%~25%的股权，并且在公司管理中具有显著控制权的公司；公民获得授权的公司是指赞比亚公民拥有25%至50%的股权，并且在公司管理中具有显著控制权的公司；公民所有的公司是指赞比亚公民拥有至少50.1%的股权，并且在公司管理中具有显著控制权的公司。

2017年1月4日，赞比亚政府颁布2017年第1号法令（Statutory Instrument）——《公民经济赋权（保留计划）条例》[Citizen Economic Empowerment Act（Reservation Scheme）Regulation]，对下列行业的保留计划进行细化。

2.1 家禽业

（1）在《市场和巴士车站法》（Markets and Bus Stations Act）规定的市场和其他公共场所，外国人控制的企业必须停止销售活家禽。

在上述法律规定的市场和其他公共场所，出售活家禽的零售许可证和批发许可证颁发对象将限定为公民、公民有影响力的公司、公民获得授权的公司和公民所有的公司。

（2）由非公民控制并且正在赞比亚从事经营的企业，将继续养殖有关家禽，但不得在《市场和巴士车站法》规定的市场和其他公共场所出售活家禽。在遵守《贸易许可证法》（Trading Licenses Act）的前提条件下，这些企业可以在自身的养殖场所以批发形式出售活家禽。

（3）这些行业保护措施将不适用于养殖和出售日龄雏鸡（Day Old Chicks）、祖母鸡（Grandparent Stock）、母鸡（Parent Stock）和蛋鸡（Layers）的企业。在家禽业的价值链上，这些子行业拥有关键的少数企业。鉴于赞比亚对于家禽产品的需求日益增长，赞比亚欢迎更多的投资和技术进入这些子行业。

（4）鸡和其他家禽的加工处理厂将继续经营。

赞比亚政府鼓励和支持赞比亚人投资于家禽业价值链上的各个环节，从而促进公民参与程度得到明显的提高。

2.2 制砖业和采石业

在这些行业已经开展经营的企业将不会受到保留计划的影响，因此赞比亚现有的制砖和采石企业将继续运作。但是新进入这些行业的所有企业必须遵守有关要求，即赞比亚公民、公民有影响力的公司、公民获得授权的公司、公民所有的公司，在这些行业可以进行任意规模的投资，而外资控股企业除非其投资额超过 500 万美元，否则不得进入这些行业。由外国人全资拥有的企业将逐步过渡到上述投资门槛。政府将与这些企业共同确定在规定期间内如何实现过渡。

2.3 涉及公共采购的国内运输业

涉及公共采购的国内运输业（Domestic Haulage）将保留给赞比亚公

民、公民有影响力的公司、公民获得授权的公司、公民所有的公司。外资企业可以继续在赞比亚国内运输行业开展经营活动,但不得染指公共采购业务,例如政府机构的玉米、农业投入品和其他采购物资的运输业务。

2.4 建筑业

赞比亚《国家建筑委员会法》(National Council for Construction Act)第24(1)条的规定:"除非第16条另有规定,任何人不得把任何建筑工程的承包合同授予某个外国公司或外国机构,除非该外国公司或外国机构与某个赞比亚公司或赞比亚企业建立合作关系或者共同从事该建筑工程。"

根据上述规定,最近几年赞比亚政府宣布,凡是政府全部或部分出资建设的基础设施和公共建筑项目,只要合同总额达到或超过3000万克瓦查,则获得相关承包合同的外国总承包商必须把至少20%的合同额强制分包给本土承包商(俗称20%分包政策)。

根据《国家建筑委员会年度报告(2018)》披露的信息,截止到2018年12月底,从该委员会注册的承包商数量来看,赞比亚本土承包商占95%,外国承包商只占5%;但从建筑市场份额来看,赞比亚本土承包商只占15%,外国承包商占85%。国家建筑委员会希望,通过落实20%分包政策,使本土承包商在赞比亚建筑市场的份额从15%左右提高到40%。

2.5 矿产贸易业

根据2015年第11号法律《矿业和矿产开发法(Mines and Minerals Development Act)》和2016年《矿业和矿产开发(总)条例》的有关规定,只有三类公司才能申请矿产贸易许可证(Minerals Trading Permit),即公民有影响力的公司、公民获得授权的公司、公民拥有的公司。其中公民有影响力的公司是指赞比亚公民拥有5%至25%的股权,并且在公司管理中具有显著控制的公司;公民获得授权的公司是指赞比亚公民拥有25%至50%的股权,并且在公司管理中具有显著控制的公司;公民拥有的公司是指赞比亚公民拥有至少 50.1%的股权，并且在公司管理中具有显著控制的公司。

换句话说，如果外国公民或企业要在赞比亚从事矿产贸易业，则必须与赞比亚公民组建合资企业，其中赞比亚公民拥有的股权不得低于 5%，否则将无法获得矿业和矿产开发部颁发的矿产贸易许可证。

第 3 章　企业注册须知

在赞比亚投资需进行公司注册，并获得各种执照和许可证。

3.1　公司注册证书（Certificate of Incorporation）

赞比亚法典第 388 章《公司法》管辖赞比亚的公司注册业务。专利和公司注册局（Patents and Companies Registration Agency，简称 PACRA）负责受理公司注册业务。任何两个或两个以上的人可根据《公司法》的规定申请注册公司。申请人必须提交下列文件：
- 名称排除申请，避免使用已经存在或相似的公司名称；
- 公司注册申请，提供公司董事和秘书的姓名；
- 公司章程；
- 按照《公司法》进行的法定申明；
- 公司注册申请函提名的每个人签字同意担任董事或秘书的同意函；
- 如果是担保有限公司，必须提供担保申明。

公司最低注册资本金为 1.5 万克瓦查（折合人民币 6000 元左右），法律规定至少一半董事必须在赞比亚居住。公司必须在财务年度结束后三个月内向公司登记官（Registrar of Companies）提交年度报告（Annual Return）；若在财务年度结束后的三个月内召开公司股东大会，则可在股东大会后的一个月内提交。

《公司法》准许外国公司在新建或获取某个经营场所后的 28 日内向公司登记官进行注册。有关文件可从公司注册官办公室获得。

3.2 投资注册证书（Certificate of Registration）

根据赞比亚发展署的规定，希望申请投资注册证书（Certificate of Registration）的任何人都必须提交下列材料：

（1）写给赞比亚发展署署长的关于申请投资注册证书的公函，必须包括投资项目类型、所属行业、暂定选址（如果有的话）、承诺投资总额、承诺就业数量、关键人员（如股东、董事会秘书、咨询顾问）的联系信息；

（2）填写赞比亚发展署提供的正式申请表；

（3）经过鉴证的公司注册证书复印件；

（4）经过鉴证的公司股本证书（Certificate of Share Capital）复印件；

（5）专利和公司注册局（PACRA）打印和盖章的公司详细信息（包括股东/董事名单、从事业务的类型）；

（6）经过鉴证的所有股东的身份证件（赞比亚人提供国民注册卡，外国人提供护照）；

（7）经过鉴证的在赞比亚居住的外国股东护照上的移民许可盖章页；

（8）本项目股东的个人简历；

（9）项目选址的证明文件（必须附上项目用地的权属证书、出售协议或者有效的租赁协议）；

（10）项目融资或现有资金的证明文件，其中外国投资者的投资额至少要达到25万美元，赞比亚公民投资者的投资额至少达到5万美元；

（11）提供下列的任何一种或多种文件：

① 满足上述金额要求的现有银行对账单；或者

② 能够证实的现金流或者应收款项，例如截止到申请日期的至少3个月的最新银行对账单；或者

③ 对于经营时间满一年以上的企业，由一个经过认证、获得许可和正在执业的赞比亚特许会计师协会（ZICA）会员编制的最新的经过审计的财务报表或者管理会计报表；或者

④ 融资协议（例如贷款、赠款等）；或者

⑤ 贷款人的承诺书，必须具有可以追踪的联系信息和可以证实的融资能力；或者

⑥ 根据赞比亚税务局（ZRA）第 CE20 号表格填报的资产清单，必须显示货物/设备的描述和价格，其金额必须达到拟投资的总额；或者

⑦ 任何其他合法的资金来源。

（12）商业计划书和/或可行性研究报告，必须简明扼要地阐述所设立的企业一旦获得批准，将为赞比亚经济发展做出哪些贡献，包括但不限于创造多少个就业岗位、新增多少投资额；

（13）有效的赞比亚税务局（ZRA）出具的完税证明（Tax Clearance Certificate）；

（14）国家养老金计划管理局（NAPSA）出具的雇主注册证书（如果有的话）；

（15）不可退还的受理费用 2133 克瓦查（折合 853 元人民币左右）的付款凭证；

（16）执照费用 1.2783 万克瓦查（折合 5113 元人民币左右）（只在领取证书时支付）。

投资注册证书的有效期为十年，自颁发之日起算，但投资者可在该证书到期之前申请延期。

部分行业申请投资注册证书时，应同时提交相关部门批准的有关许可证。

3.3 特定行业许可证书（License and Permit）

3.3.1 旅游行业的执照（Tourism Sector License）

从事旅游行业的企业必须获得下列执照和/或许可证：

（1）赞比亚野生动物管理局许可证（Zambia Wildlife Authority Permit）

坐落在野生动物狩猎管理区（Game Management Area）内的投资项目应获得赞比亚野生动物管理局（Zambia Wildlife Authority，简称 ZAWA）颁

发的许可证。申请该许可证时必须提交下列文件：

- 项目建议书；
- 股东名单；
- 发起人从业经验的信息；
- 地区议会（District Council）出具的推荐函。

申请地区议会的推荐函应提交以下文件：

- 项目意向函；
- 所在部落酋长的同意书（如果狩猎管理区位于当地酋长管辖的传统部落所有的土地上）；
- 项目建议书；
- 建筑设计图。

（2）旅游企业执照（Tourist Enterprise License）

根据赞比亚法典第 155 章《旅游法》的规定，赞比亚国家旅游局（Zambia National Tourist Board）负责受理旅游企业执照的申请业务。旅游企业包括酒店或提供住宿的其他商业机构、旅游项目经营企业、旅行社、宿营场地、饭店或咖啡厅、迪斯科舞厅或夜总会、野营场地、航空包机服务、会议中心，以及由部长通过法令宣布的为旅客提供服务的其他企业。

申请旅游企业执照时，必须提交下列文件：

- 五年业务规划；
- 现金流量表或资金证明；
- 建筑图纸和/或结构图纸；
- 发起人的商业银行的支持函；
- 股东的财务和个人信息；
- 股东的简历；
- 公司注册证书的副本；
- 公司成立的备忘录或公司章程（如属有限公司）；
- 土地证或租赁协议；
- 经过审计的最新财务报告（适用于现有企业）；
- 环境影响评估报告或项目简介（适用于小企业）；

- 赞比亚野生动物管理局（ZAWA）对项目不持反对意见的函（如该项目位于野生动物狩猎管理区或国家公园内）；
- 赞比亚发展署（ZDA）颁发的投资注册证书。

（3）酒店执照（Hotel License）

旅游部通过所属的酒店业管理委员会颁发酒店执照。申请该执照时，必须提交下列文件：

- 旅游企业执照；
- 当地政府颁发的卫生许可证（Health Permit）和消防安全证书（Fire Certificate）；
- 当地政府颁发的酒类产品经营执照。

此外，家具和设备必须及时到位，而且营业场所必须通过酒店业管理委员会的最终检查。

3.3.2 采矿业

矿业和矿产资源部（Ministry of Mines and Mineral Development）负责颁发与采矿业投资相关的许可证和执照，包括大型采矿证、小型采矿证、探矿执照、探矿许可证、保留执照、宝石执照、宝石销售证书、手工业采矿许可证以及勘察许可证。

申请上述许可证和执照时需提交下列文件：

- 矿区地形图；
- 公司注册证书和公司章程；
- 董事和股东护照的复印件；
- 银行对账单以及申请人开户银行的推荐函；
- 运营计划和成本估算；
- 关于矿区的矿产储量的声明。

3.3.3 金融行业

赞比亚银行（Bank of Zambia）作为赞比亚的中央银行和货币政策执行机构，负责颁发银行牌照（Banking License）。

银行牌照的申请人必须符合下列标准：

- 国内银行的最低资本金为 1.04 亿克瓦查（折合 4160 万元人民币左右），国际银行的最低资本金为 5.2 亿克瓦查（折合 2.1 亿元人民币左右）；
- 非银行金融机构的最低资本金为 2.5 亿克瓦查（折合 1 亿元人民币左右）；
- 由主要管理人员和董事填写的完整调查问卷；
- 主要管理人员和董事披露的无刑事犯罪记录；
- 主要管理人员的银行从业经历。

申请时还应提交下列文件：

- 履历表；
- 商业计划书，包括未来三年的财务预测（损益表、现金流量表及资产负债表）；
- 所有主要管理人员和股东的个人简历；
- 公司注册证书的复印件；
- 公司章程的复印件；
- 如申请者为外国注册金融机构，还需提交本国监管部门（通常是另一家中央银行）的批准函。

3.3.4 运输行业

从事运输行业的企业必须获得下列执照和/或许可证：

（1）航空运输

交通和通讯部（Ministry of Transport and Communications）所属的民用航空局（Department of Civil Aviation）负责颁发航空运输执照（Aircraft License），该执照的申请人应提交下列文件：

- 证书类型的复印件；
- 技术数据表的证书；
- 现行适航证书的复印件；
- 飞行手册或类似文件的复印件；

第3章 企业注册须知

- 制造商的全套维护、检修和维修手册，以及图解式的零部件目录；
- 制造商的全套飞机服务公告或类似文件；
- 机组操作手册的复印件；
- 质量和平衡手册的复印件；
- 航电系统和飞机的飞行测试报告；
- 涵盖所有服务的电力负荷分析；
- 包括所有无线电和电气装置的全套接线图；
- 最低主设备清单的复印件。

（2）公路运输

交通和通讯部所属的道路运输和安全管理局（Road Transport and Safety Agency，简称 RTSA）在收到机动车权属证书（White Book）、公司注册证书、机动车检验报告和银行对账单等文件后，可以颁发公路服务执照（Road Service License）。

3.3.5 能源行业

能源部（Ministry of Energy）所属的能源监管局（Energy Regulations Board，简称 ERB）负责颁发能源行业的执照。申请该执照应提交下列文件：

- 五年商业计划书；
- 现行和最新的经过审计的财务报表；
- 预期中任何大额资金外流的详情，包括主要的关闭费用；
- 每年现金净流量的估算。

3.3.6 林业

土地和自然资源部（Ministry of Lands and Nature Resources）所属的林业局（Department of Forest）负责颁发林业特许经营执照（Forest Concession License）。申请该执照时，必须提交下列文件：

- 当地酋长以及地方政府的同意函；
- 来自首席推广官员（Principal Extension Officer）的推荐函；

- 公司注册证书；
- 经营地区的地图；
- 经营计划；
- 能够证明申请人拥有 1 万克瓦查（折合 4000 元人民币左右）以上资产的银行对账单。
- 申请人必须有能力支付 200~600 棵树的费用，并拥有充足的机械和设备。

3.3.7 卫生行业

卫生行业的投资者必须获得赞比亚卫生从业人员委员会（Health Professions Council of Zambia，简称 HPCZ）颁发的执照。申请该执照时应提交下列文件：

- 公司注册证书；
- 董事名单；
- 在赞卫生从业人员委员会登记并且获得执业许可证的护理人员和后勤工作人员的资格证书。

在颁发执照之前，赞卫生从业人员委员会将对经营场所、设备和防护服进行检查。

赞比亚卫生从业人员的全注册必须满足下列要求：

- 填报赞卫生从业人员委员会的申请表；
- 经过批准的主管在申请表签字并且盖章；
- 提交医疗机构负责人如院长、医疗总监出具的推荐函。

3.3.8 教育行业

教育行业的投资者必须获得普通教育部（Ministry of General Education）或者高等教育部（Ministry of Higher Education）颁发的执照。申请该执照时必须提交的文件包括公司注册证书和教职员工的资格证书。在颁发执照之前，普通教育部或高等教育部官员将对教育设施进行检查。

3.3.9 通讯行业

交通和通讯部所属的赞比亚信息通讯技术管理局（Zambia Information Communications Technology Authority，简称 ZICTA）负责颁发广播或通讯执照（Radio or Telecommunication License）。申请该执照时应提交下列文件：

- 公司注册证书；
- 商业计划书；
- 服务性质的详细描述，如果商业计划书中没有列明的话；
- 经过审计的财务报表；
- 股权分配表；
- 银行资信证明。

3.3.10 其他行业许可证和执照

（1）项目简介和环境影响评价报告

除服务行业以外的大多数项目都必须获得赞比亚环保局（Zambia Environmental Management Agency，简称 ZEMA）的授权。根据赞比亚法典第 204 章《环境保护和污染防治法》的规定，项目在正式实施前，应向赞比亚环保局提交环境项目简介（Environmental Project Brief，简称 EPB）或环境影响评估报告（Environmental Impact Statement，简称 EIS），以确定其对环境的影响。如果赞比亚环保局认为该项目对环境不会造成负面影响，则出具决定书（Decision Letter）。

（2）批发商、制造商和代理商执照（Whole Sale，Manufacturer's and Agents' License）

只需向地方政府（Local Council）提交公司注册证书即可获颁上述执照。

第 4 章 移民事务须知

根据赞比亚移民局的要求，从 2018 年 12 月 3 日开始，外籍人员在赞比亚合法居留所需的各种证件，包括工作许可证（Employment Permit）、临时工作许可证（Temporary Employment Permit）等，都必须在该局官方网站进行申请、缴费和受理。

4.1 雇主专用账户

作为雇主，有关企业或机构通过网上办理外籍员工的工作许可证、临时工作许可证的申请和延期手续之前，必须在赞比亚移民局官方网站（http：//www.zambiaimmigration.gov.zm/）注册雇主专用账户。该账户由用户名（Username）和密码（Password）组成，必须由赞比亚移民局审核相关文件之后才能激活，只能办理本企业或机构的外籍董事和员工的移民许可证和签证业务。

在成功注册雇主专用账户之后，雇主必须向赞比亚移民局总部或者省级移民局提交下列文件进行审核：

（1）雇主写给赞比亚移民局相关负责人的介绍信，必须注明雇主专用账户的用户名，以及授权监管该账户的人力资源管理人员的姓名；

（2）雇主的公司注册证书其他或者其他证书；

（3）人力资源管理人员所获得的赞比亚人力资源管理协会颁发的现行有效的执业证书。

只有在赞比亚移民局激活雇主专用账户之后，雇主才能在赞比亚移民局的官方网站上办理相关许可证的申请、变更或者延期，以及各种签证业务。

4.2 工作许可证（Employment Permit）

工作许可证颁发给来到赞比亚从事超过6个月的工作岗位的外国人，该证可以延期一次或多次，最长可达10年，从首次颁发之日起算。

值得注意的是，工作许可证的所有申请人都必须在赞比亚境外，直到有关申请获得批准后才能入境。

4.2.1 申请工作许可证的要求

为了落实"赞比亚化（Zambianization）"政策，为赞比亚人创造更多的就业岗位，从2017年5月26日开始，赞比亚移民局修订了关于颁发工作许可证的指导方案。该方案适用于在赞比亚境内受雇从事6个月以上工作的所有外国公民。

1. 工作许可证申请的递交

（1）所有工作许可证的申请文件都应该在赞比亚移民局总部进行归档和受理。在申请文件的归档和受理过程中，潜在的外国员工必须在赞比亚境外。

（2）相关公司要么聘用人力资源职员（Human Resource Personnel），要么聘用注册的移民顾问（Immigration Consultants）来受理其外国员工的各种移民许可证（Immigration Permits）。如果某公司决定通过注册的移民顾问来办理有关许可证，则必须选定某个顾问机构（Consulting Firm）。该公司每递交一份工作许可证的申请文件，都必须由该公司管理层出具一封关于同意由该注册移民顾问受理有关许可证的函件。

2. "赞比亚化"政策的落实

所有雇主都必须协助政府落实"赞比亚化"政策。从一开始，雇主应该表明任何外籍员工需要（在赞比亚工作）的最长期限。对于某个专业岗位，移民局将与相关的专业机构进行协商，从而做出关于该岗位的最终决定。

对于具有特定文凭（或职业资格证书）和经验的赞比亚人需要多长期

限才能掌握必要的技能，从而接替外籍员工所占据的特定岗位，相关专业机构应该提供指导意见。工作许可证的延期不得超过该期限。

这种申请文件之后都必须附上一份接替计划（Succession Plan），并清楚地表明拟接替外籍员工的赞比亚人的姓名。

3. 工作许可证的有效期

鉴于各个公司的投资金额、企业规模、机械化程度不同，加上特定技能转移所需的期限、技术性质不同，因此工作许可证不应该一律确定为2年，而应该根据每份申请的具体情况来确定有效期。

在考虑工作许可证的申请时，企业的投资规模、水平和发展阶段都应纳入考虑因素。因此，雇主在工作许可证的申请文件中必须清楚地表明上述因素。

尽管可以放弃相关做法，但移民许可证委员会（Immigration Permits Committee，简称IPC）应对有关公司进行定期检查，从而搞清有关公司的发展阶段。

对于矿业公司（Mining Companies），移民许可证委员会（IPC）应充分利用矿业部关于赞比亚矿业公司发展阶段的有关信息。

4. 定期的劳工审计（Labour Audit）

每个季度，移民许可证委员会（IPC）与劳动和社会保障部（Ministry of Labour and Social Security）应联合开展劳工审计。这将有助于政府搞清楚那段时期受雇的赞比亚人和外籍员工的数量。

5. 外国公司的分包

当申请企业为从事分包工程的任何外国公司，则该公司应向移民局和劳动部提供总包公司和分包公司的组织结构图。

6. 向内政部长的申诉

内政部长只受理具有可信依据的申诉案件。申诉案件必须具有值得部长关注的实际问题。

7. 政府之间的合同

执行政府之间合同的承包商应向赞比亚工程师协会（Engineering Institution of Zambia）提交有关合同，包括即将来赞比亚从事该项目技术工作的外籍员工名单。

8. 需要递交的文件

（1）完整填报的相关信息；

（2）雇主写给移民局局长的介绍信（Covering Letter）应阐述拟录用的外籍员工需要被雇用的相关理由；

（3）雇用合同（Employment Contract）或录用通知书（Letter of Offer），应列明拟录用的外籍员工的工作职责和薪酬待遇等；

（4）常驻国家的无犯罪记录证明（Police Clearance）；

（5）赞比亚相关专业机构颁发的注册证书（如果需要的话）；

（6）拟录用的外籍员工的个人简历（Curriculum Vitae），应阐述详细的工作经历；

（7）经过鉴证的英文版学历、职业和专业资格证书扫描件；

（8）经过鉴证的英文版结婚证和出生证扫描件（如果需要的话）；

（9）经过鉴证的有效护照扫描件；

（10）雇主的接替计划扫描件，应包括由外籍员工对赞比亚接替人员进行培训、传授知识和/或技能的计划；

（11）一张护照规格的近期照片；

（12）经过鉴证的公司注册证书扫描件；

（13）在申请建筑行业、采矿行业、信息通信技术、工程行业和其他以项目为基础的受雇岗位时，必须递交一份介绍信，具体说明外籍员工受雇的项目、包括完工日期和项目合同额的授予函的复印件；

（14）刊登在 A5 纸规格的两份主要报纸上的招聘广告原件，其中报纸名称和广告日期必须清晰可见，还必须列出对应聘人员的筛选结果；

（15）缴纳规定的费用（只接受网上付款）。

4.2.2　申请工作许可证延期的要求

——完整填报的相关信息；

——由雇主写给赞比亚移民局局长关于申请延期工作许可证的介绍信；

——延期的雇用合同；

——原工作许可证扫描件；

——经过鉴证的护照扫描件；

——缴纳规定的费用（只接受网上付款）。

4.2.3 工作许可证变更职位的要求

——有关雇主写给赞比亚移民局局长的介绍信；

——完整填报的相关信息；

——新职位的任命书或录用通知书或雇用合同；

——经过鉴证的职业资格证书扫描件；

——缴纳规定的费用（只接受网上付款）。

4.2.4 工作许可证变更雇主的要求

——有关雇主写给赞比亚移民局局长的介绍信；

——完整填报的相关信息；

——任命书或录用通知书或雇用合同；

——原工作许可证扫描件；

——原雇主出具的解雇信（Letter of Release）；

——缴纳规定的费用（只接受网上付款）。

4.2.5 私营行业的工作许可证的相关费用

——首次颁发：1.818 万克瓦查（其中 180 克瓦查为网络费）；

——申请延期：2.121 万克瓦查（其中 210 克瓦查为网络费）；

——因许可证遗失而申请补发许可证（Duplicate）：1.818 万克瓦查（其中 180 克瓦查为网络费）；

——因护照变更而申请换发许可证（Change of Passport）：1515 克瓦查（其中 15 克瓦查为网络费）；

——申请变更许可证持有人的职位、雇主、国籍或姓名：9090 克瓦查（其中 90 克瓦查为网络费）；

——申请增加配偶或子女的姓名；3030 克瓦查（其中 30 克瓦查为网

络费）；

——申请变更地址：1515 克瓦查（其中 15 克瓦查为网络费）。

4.2.6 政府机构、准政府机构、非政府组织（NGO）和其他非营利组织的工作许可证的相关费用

——首次颁发：8080 克瓦查（其中 80 克瓦查为网络费）；

——申请延期：9090 克瓦查（其中 90 克瓦查为网络费）；

——因许可证遗失而申请补发许可证：8080 克瓦查（其中 80 克瓦查为网络费）；

——因护照变更而申请换发许可证：1010 克瓦查（其中 10 克瓦查为网络费）；

——申请变更许可证持有人的职位或雇主：3535 克瓦查（其中 35 克瓦查为网络费）；

——申请变更许可证持有人的国籍或姓名：3030 克瓦查（其中 30 克瓦查为网络费）；

——申请增加配偶或子女的姓名：1515 克瓦查（其中 15 克瓦查为网络费）；

——申请变更地址：1010 克瓦查（其中 10 克瓦查为网络费）。

4.2.7 因工作许可证首次申请或延期而联合检查公司需要准备的材料清单

1. 工作证申请人护照复印件；

2. 工作证申请人职业资格证书/学历证书复印件；

3. 公司注册证书；

4. 公司董事名单（List of Directors）；

5. 赞比亚发展署（ZDA）颁发的投资注册证书），如果适用的话；

6. 公司的银行对账单（Bank Statement）；

7. 公司的纳税人识别号码证书（Certificate of Taxpayer Identification Number）；

8. 公司的完税证明（Tax Clearance Certificate）；

9. 公司的纳税凭证［如增值税（VAT）、营业税（TOT）、个人所得税（PAYE）等］；

10. 公司的养老金缴费证明（NAPSA Receipt）；

11. 当地员工的清单（List of Local Employee）；

12. 当地员工的工资单（Payroll of Local Employee）；

13. 当地员工的劳动合同复印件（最高工资者和最低工资者各一份）。

4.3 投资者许可证（Investor's Permit）

投资者许可证颁发给希望在赞比亚设立企业或投资，或者已经在赞比亚设立企业或投资的外国人。投资者许可证允许持有人、配偶和未成年子女在该许可证到期前进入并逗留在赞比亚。

4.3.1 申请投资者许可证的要求

1. 写给赞比亚移民局局长的介绍信；

2. 完整填报的相关信息；

3. 公司注册证书；

4. 公司股本证书（如果有的话）；

5. 赞比亚发展署的投资注册证书（非强制性）；

6. 董事名单；

7. 护照规格的近期照片；

8. 缴纳规定的费用（只接受网上付款）；

9. 经过鉴证的现行有效护照扫描件（含最近一次进入赞比亚的签证章）；

10. 在赞比亚拥有或租赁土地的协议；

11. 提交个人投资的证明性文件，例如，银行对账单、境外资金转账单、赞比亚税务局（ZRA）盖章确认的第 CE20 号表格和提货单。如果投资者成立自己的公司，则应带来至少 25 万美元。如果投资者加入一个现有的公司，则必须带来至少 15 万美元。

4.3.2 申请投资者许可证延期的要求

1. 完整填报的相关信息；
2. 写给赞比亚移民局局长的介绍信；
3. 提交原投资者许可证扫描件；
4. 赞比亚税务局出具的完税证明；
5. 现行有效的银行对账单（Current Bank Statement）；
6. 经过鉴证的现行有效护照扫描件；
7. 缴纳规定的费用（只接受网上付款）。

4.3.3 投资者许可证增加公司名称的要求

1. 写给赞比亚移民局局长的介绍信；
2. 完整填报的相关信息；
3. 提交原投资者许可证扫描件；
4. 新公司注册证书；
5. 新公司股本证书（非强制性）；
6. 赞比亚发展署的投资注册证书（非强制性）；
7. 新公司董事名单或详细注册信息（Printout）；
8. 在赞比亚拥有或租赁土地的协议（如果适用的话）；
9. 经过鉴证的现行有效护照扫描件（含最近一次进入赞比亚的签证章）；
10. 提交个人投资的证明性文件，例如，银行对账单、境外资金转账单、赞比亚税务局盖章确认的第 CE20 号表格和提货单；
11. 缴纳规定的费用（只接受网上付款）。

4.3.4 投资者许可证增加行业性质或者商号名称的要求

1. 写给赞比亚移民局局长的介绍信；
2. 完整填报的相关信息；
3. 提交原投资者许可证扫描件；
4. 适当的行业许可证；

5. 经过鉴证的公司注册证书扫描件；

6. 公司股本证书；

7. 董事名单；

8. 商号名称的注册证书（如果适用的话）；

9. 赞比亚发展署的投资注册证书（如果有的话）；

10. 在赞比亚拥有或租赁土地的协议（如果适用的话）；

11. 缴纳规定的费用（只接受网上付款）。

4.3.5 投资者许可证增加配偶或子女姓名的要求

1. 写给赞比亚移民局局长的介绍信；

2. 完整填报的相关信息；

3. 提交投资者许可证扫描件；

4. 经过鉴证的结婚证/出生证的扫描件（根据具体情况而定）；

5. 经过鉴证的现行有效护照扫描件（含最近一次进入赞比亚的签证章）；

6. 护照规格的近期照片；

7. 缴纳规定的费用（只接受网上付款）。

4.3.6 私营行业的投资者许可证的相关费用

1. 首次颁发：1.212 万克瓦查（其中 120 克瓦查为网络费）；

2. 申请延期：1.515 万克瓦查（其中 150 克瓦查为网络费）；

3. 因许可证遗失而申请补发许可证：1.212 万克瓦查（其中 120 克瓦查为网络费）；

4. 因护照变更而申请换发许可证：1515 克瓦查（其中 15 克瓦查为网络费）；

5. 申请变更许可证持有人的国籍或姓名：1.515 万克瓦查（其中 30 克瓦查为网络费）；

6. 申请增加配偶或子女的姓名：6060 克瓦查（其中 60 克瓦查为网络费）；

7. 申请增加新的企业名称；1515 克瓦查（其中 15 克瓦查为网络费）；

8. 申请增加或变更企业性质；1.515 万克瓦查（其中 150 克瓦查为网络费）；

9. 申请变更地址：1515 克瓦查（其中 15 克瓦查为网络费）。

4.4　居民许可证（Residence Permit）

居民许可证持有人具有赞比亚的永久居留权，颁发给下列人士：

1. 成为赞比亚常规和合法居民的人员；
2. 居民许可证持有人和赞比亚人的子女；
3. 工作许可证至少满 10 年或投资者许可证至少满 3 年的持有人；
4. 配偶许可证（Spouse Permit）至少满 5 年的持有人；
5. 退休人员。

4.4.1　7~15 岁人员申请居民许可证的要求

1. 写给赞比亚移民局局长的介绍信；
2. 完整填报的相关信息；
3. 经过鉴证的现行有效护照扫描件；
4. 经过鉴证的申请人出生证明扫描件；
5. 经过鉴证的父母身份证明的扫描件；
6. 原有许可证的扫描件（如果适用的话）；
7. 护照规格的近期照片；
8. 收养证明（如果出现收养子女的情形）；
9. 某教育机构录取通知书（如果申请人属于学生）；
10. 缴纳规定的费用（只接受网上付款）。

4.4.2　16 岁及以上人员申请居民许可证的要求

1. 写给赞比亚移民局局长的介绍信；
2. 完整填报的相关信息；

3. 外国人注册卡（Aliens Registration Card）扫描件；

4. 经过鉴证的申请人出生证明扫描件；

5. 经过鉴证的结婚证明扫描件；

6. 认识申请人的时间不少于三年的具有良好形象的人员对于申请人性格的两封推荐函；

7. 经过鉴证的申请人现行有效护照扫描件；

8. 经过鉴证的东道主身份的扫描件；

9. 护照规格的近期照片；

10. 上缴原有许可证（如果适用的话）；

11. 收养证明（如果出现收养子女的情形）；

12. 某教育机构的录取通知书（如果申请人为学生）；

13. 缴纳规定的费用（只接受网上付款）。

4.4.3 投资者许可证持有人申请居民许可证的要求

1. 写给赞比亚移民局局长的介绍信；

2. 完整填报的相关信息；

3. 外国人注册卡扫描件；

4. 投资者许可证的扫描件；

5. 赞比亚税务局的纳税凭证扫描件；

6. 现行有效的银行对账单；

7. 在赞比亚特许会计师协会注册的会计师事务所出具的审计报告；

8. 土地证或土地租赁协议（如果适用的话）；

9. 经过鉴证的现行有效护照的扫描件（含生物信息和进入赞比亚的最近一次签证章）；

10. 护照规格的近期照片；

11. 移民局牵头组织的联合检查报告；

12. 缴纳规定费用（只接受网上付款）。

4.4.4 私营行业和政府机构的工作许可证持有人申请居民许可证的要求

1. 写给赞比亚移民局局长的介绍信；
2. 完整填报的相关信息；
3. 经过鉴证的外国人注册卡扫描件；
4. 工作许可证的扫描件；
5. 两封推荐函；
6. 经过鉴证的现行有效护照的扫描件；
7. 护照规格的近期照片；
8. 雇用合同；
9. 经过鉴证的职业证书或其他任职资格证书；
10. 缴纳规定的费用（只接受网上付款）。

4.4.5 退休人员申请居民许可证的要求

1. 写给赞比亚移民局局长的介绍信；
2. 完整填报的相关信息；
3. 资金证明（银行对账单）；
4. 有权领取永久养老金（不可撤销的养老金）或退休账户的证明文件；
5. 土地证或土地租赁协议（如果适用的话）；
6. 经过鉴证的现行有效护照的扫描件；
7. 护照规格的近期照片；
8. 缴纳规定的费用（只接受网上付款）。

4.4.6 居民许可证变更雇主的要求

1. 写给赞比亚移民局局长的介绍信；
2. 完整填报的相关信息；
3. 提交职业资格证书；

4. 原雇主的解雇信；

5. 新雇主的录用通知书（Letter of Offer）；

6. 缴纳规定的费用（只接受网上付款）。

4.4.7 居民许可证增加新公司的要求

1. 写给赞比亚移民局局长的介绍信；

2. 完整填报的相关信息；

3. 提交公司注册证书；

4. 董事名单；

5. 上缴居民许可证的原件；

6. 最新的银行对账单；

7. 缴纳规定的费用（只接受网上付款）。

4.4.8 私营行业的居民许可证的相关费用

1. 首次颁发：15150 克瓦查（其中 150 克瓦查为网络费）；

2. 申请延期：不适用；

3. 因许可证遗失而申请补发：1.515 万克瓦查（其中 150 克瓦查为网络费）；

4. 因护照变更而申请换发：1515 克瓦查（其中 15 克瓦查为网络费）；

5. 申请增加新的企业名称：1.515 万克瓦查（其中 150 克瓦查为网络费）；

6. 申请变更许可证持有人的职位、雇主、国籍或姓名：1.515 万克瓦查（其中 150 克瓦查为网络费）；

7. 申请增加配偶或子女的姓名：3787.5 克瓦查（其中 37.5 克瓦查为网络费）；

8. 申请变更学校：3787.5 克瓦查（其中 37.5 克瓦查为网络费）；

9. 申请变更地址：1515 克瓦查（其中 15 克瓦查为网络费）。

4.4.9 政府、准政府机构、非政府组织或非营利机构的居民许可证的相关费用

1. 首次颁发：8585 克瓦查（其中 85 克瓦查为网络费）；
2. 申请延期：不适用；
3. 因许可证遗失而申请补发：8585 克瓦查（其中 85 克瓦查为网络费）；
4. 因护照变更而申请换发：1010 克瓦查（其中 10 克瓦查为网络费）；
5. 申请变更许可证持有人的职位、雇主、国籍或姓名：6060 克瓦查（其中 60 克瓦查为网络费）；
6. 申请增加配偶或子女的姓名：2020 克瓦查（其中 20 克瓦查为网络费）；
7. 申请变更学校：2020 克瓦查（其中 20 克瓦查为网络费）；
8. 申请变更地址：1010 克瓦查（其中 10 克瓦查为网络费）。

4.5 临时工作证（Temporary Employment Permit）

临时工作证颁发给希望在赞比亚逗留超过 30 天的任何商务考察人员，首次颁发的有效期为 3 个月，可以延期一次，最长 3 个月。在 12 个月内，临时工作证所批准的有效期不得超过 6 个月。

4.5.1 申请临时工作证所需的文件

1. 填报完整的相关信息；
2. 护照规格的近期照片；
3. 经过鉴证的现行有效护照的扫描件；
4. 雇主写给赞比亚移民局局长的介绍信，表明申请人将在赞比亚从事的有关工作的性质；
5. 缴纳规定的费用（只接受网上付款）。

4.5.2 申请临时工作证延期所需的文件

1. 填报完整的相关信息；
2. 雇主提交的表明延期理由的介绍信；
3. 提交原临时工作证扫描件；
4. 缴纳规定的费用（只接受网上付款）。

4.5.3 私营行业的临时工作证的相关费用

1. 首次颁发：1.3635 万克瓦查（其中 135 克瓦查为网络费）；
2. 申请延期：1.59075 万克瓦查（其中 157.5 克瓦查为网络费）；
3. 因许可证遗失而申请补发：1.59075 万克瓦查（其中 157.5 克瓦查为网络费）；
4. 因护照变更而申请换发临时工作证：1515 克瓦查（其中 15 克瓦查为网络费）；
5. 申请临时工作证内容的变更：1.59075 万克瓦查（其中 157.5 克瓦查为网络费）。

4.5.4 政府、准政府、非政府组织或其他非营利机构所属学校的临时工作证的相关费用

1. 首次颁发：7070 克瓦查（其中 70 克瓦查为网络费）；
2. 申请延期：8080 克瓦查（其中 80 克瓦查为网络费）；
3. 因许可证遗失而申请补发：8080 克瓦查（其中 80 克瓦查为网络费）；
4. 因护照变更而申请换发：1010 克瓦查（其中 10 克瓦查为网络费）。

4.6 临时许可证（Temporary Permit）

临时许可证颁发给违规入境或者逾期滞留的外国人，使其在赞比亚的居留合法化。

4.6.1 申请临时许可证所需的文件

1. 经过鉴证的现行有效护照的扫描件；
2. 护照规格的近期照片；
3. 缴纳规定的费用（只接受网上付款）。

4.6.2 申请临时许可证延期所需的文件

1. 提交延期理由的介绍信；
2. 提交临时许可证扫描件；
3. 缴纳规定的费用（只接受网上付款）。

4.6.3 私营行业的临时许可证的相关费用

1. 首次颁发：1.818万克瓦查（其中180克瓦查为网络费）；
2. 申请延期：1.59075万克瓦查（其中157.5克瓦查为网络费）；
3. 因许可证遗失而申请补发：1.818万克瓦查（其中180克瓦查为网络费）；
4. 因护照变更而申请换发：1515克瓦查（其中15克瓦查为网络费）；
5. 申请临时许可证内容的变更：不适用。

4.6.4 政府、准政府、非政府组织或其他非营利机构所属学校的临时许可证的相关费用

1. 首次颁发：9090克瓦查（其中90克瓦查为网络费）；
2. 申请延期：8080克瓦查（其中80克瓦查为网络费）；
3. 因许可证遗失而申请补发：9090克瓦查（其中90克瓦查为网络费）；
4. 因护照变更而申请换发：1010克瓦查（其中10克瓦查为网络费）；
——申请临时许可证内容的变更：不适用。

4.7 探亲许可证（Visiting Permit）

探亲许可证颁发给希望赴赞比亚进行常规旅游超过 90 天的外国游客。现行法规要求，普通游客有权在某个日历年度里累计逗留 90 天。当最初免费的 90 天期满后，如果该游客希望在赞比亚逗留更长的时间，则应付费申请有效期为额外 90 天的探亲许可证。值得注意的是，探亲许可证必须在最初的 90 天到期前的 30 天内提出申请。

4.7.1 申请探亲许可证的程序所需的文件

1. 申请人写给移民局局长要求获得探亲许可证的申请函；
2. 完整填报的相关信息；
3. 护照规格的近期照片；
4. 经过鉴证的申请人护照的扫描件（含最近一次入境至今有效的签证章）；
5. 申请人的往返机票；
6. 东道主的合法居留证件（如工作许可证、投资者许可证或者居民许可证）扫描件；
7. 东道主写给移民局局长的支持信；
8. 东道主具有充足经济能力的证明文件，包括但不限于银行对账单；
9. 缴纳规定的费用（只接受网上付款）。

4.7.2 申请探亲许可证延期的要求

1. 申请人写给移民局局长要求探亲许可证延期的申请函；
2. 完整填报的相关信息；
3. 申请人的护照扫描件（含现行有效的签证章）；
4. 申请人的探亲许可证扫描件；
5. 申请人的往返机票；
6. 东道主的合法居留证件（如工作许可证、投资者许可证或者居民许可证）扫描件；

7. 东道主写给移民局局长的支持信；

8. 东道主具有充足经济能力的证明文件，包括但不限于银行对账单；

9. 缴纳规定的费用（只接受网上付款）。

4.7.3 探亲许可证的相关费用

1. 首次颁发：5050 克瓦查（其中 50 克瓦查为网络费）；
2. 申请延期：7575 克瓦查（其中 75 克瓦查为网络费）；
3. 因许可证遗失而申请补发：5050 克瓦查（其中 50 克瓦查为网络费）；
4. 因护照变更而申请换发：1515 克瓦查（其中 15 克瓦查为网络费）；
5. 申请探亲许可证内容的变更：不适用。

4.8 学生许可证（Study Permit）

学生许可证颁发给希望在赞比亚公认的教育机构进行学习的外国人。公认的教育机构是指在普通教育部（Ministry of General Education）、高等教育部（Ministry of Higher Education）进行注册的教育机构。

没有在赞比亚常住，希望在赞比亚经过注册的教育机构从事正式学习的有关人士，在赴赞之前必须申请学生许可证。

4.8.1 申请学生许可证所需的文件

1. 申请人写给赞比亚移民局局长的申请函；
2. 填报完整的相关信息；
3. 现有护照的扫描件；
4. 护照规格的近期照片；
5. 如果申请人在赞比亚境外提出申请，并且年满 18 岁，必须提供常住国家的无犯罪记录证明；
6. 有关教育机构或学校的入学通知书；

7. 东道主、父母或监护人的经济状况证明；

8. 东道主、父母或监护人愿意为该学生提供经济资助的承诺函；

9. 体检合格报告（必须有胸部 X 光片检查结果）；

10. 缴纳规定的费用（只接受网上付款）。

4.8.2　申请学生许可证延期的要求

1. 申请人写给赞比亚移民局局长要求学生许可证延期的申请函；

2. 填报完整的相关信息；

3. 东道主或教育机构写给赞比亚移民局局长要求延期学生许可证的介绍信；

4. 学生许可证的扫描件；

5. 最近的成绩单或学习进度报告；

6. 缴纳规定的费用（只接受网上付款）。

4.8.3　因变更学校而对学生许可证变更所需的文件

1. 申请人写给赞比亚移民局局长的介绍信；

2. 新学校的入学通知书；

3. 填报完整的相关信息；

4. 学生许可证的扫描件；

5. 原学校的最新成绩单或学习进度报告；

6. 缴纳规定的费用（只接受网上付款）。

4.8.4　私立学校的学生许可证的相关费用

1. 首次颁发：6817.5 克瓦查（其中 67.5 克瓦查为网络费）；

2. 申请延期：9090 克瓦查（其中 90 克瓦查为网络费）；

3. 因许可证遗失而申请补发：6817.5 克瓦查（其中 67.5 克瓦查为网络费）；

4. 因护照变更而申请换发：1515 克瓦查（其中 15 克瓦查为网络费）；

5. 申请学生许可证内容的变更：6817.5 克瓦查（其中 67.5 克瓦查为

网络费）。

4.8.5 政府、准政府、非政府组织或其他非营利机构所属学校的学生许可证的相关费用

1. 首次颁发：3535 克瓦查（其中 35 克瓦查为网络费）；
2. 申请延期：5555 克瓦查（其中 55 克瓦查为网络费）；
3. 因许可证遗失而申请补发：4040 克瓦查（其中 40 克瓦查为网络费）；
4. 因护照变更而申请换发：1010 克瓦查（其中 10 克瓦查为网络费）；
5. 申请变更学生许可证持有人的国籍或姓名：3030 克瓦查（其中 30 克瓦查为网络费）；
6. 申请变更学校：4040 克瓦查（其中 40 克瓦查为网络费）。

4.9 配偶许可证

配偶工作证（Spouse Permit）颁发给赞比亚公民（Citizen）、持有既定居民状况证书的既定居民（Established Resident）和居民许可证（Residence Permit）持有人的配偶。

4.9.1 申请配偶许可证所需的文件

1. 由申请人写给赞比亚移民局局长的介绍信；
2. 由配偶（赞比亚公民、既定居民和居民许可证持有人）出具的关于支持申请配偶许可证的同意函；
3. 显示配偶（赞比亚公民、既定居民和居民许可证持有人）状况的有关文件；
4. 经过鉴证的结婚证扫描件；
5. 经过鉴证的申请人的有效护照扫描件（包括护照首页和最近一次赴赞比亚的入境签证章）；
6. 护照规格的一张近期照片；

7. 具有维持生计能力的有关文件；

8. 缴纳规定的费用（只接受网上付款）。

4.9.2　申请配偶许可证延期所需的文件

1. 由申请人写给赞比亚移民局局长的要求延期配偶许可证的介绍信；

2. 由配偶（赞比亚公民、既定居民和居民许可证持有人）出具的关于支持延期配偶许可证的同意函；

3. 缴纳规定的费用（只接受网上付款）。

4.9.3　配偶许可证的相关费用

1. 首次颁发：2272.5 克瓦查（其中 22.5 克瓦查为网络费）；

2. 申请延期：4545 克瓦查（其中 45 克瓦查为网络费）；

3. 因许可证遗失而申请补发：2272.5 克瓦查（其中 22.5 克瓦查为网络费）；

4. 因护照变更而申请换发：1515 克瓦查（其中 15 克瓦查为网络费）；

5. 申请许可证内容的变更：2272.5 克瓦查（其中 22.5 克瓦查为网络费）。

4.10　电子签证

目前赞比亚内政部（Ministry of Home Affairs）所属的移民局（Department of Immigration）推出了电子签证（E‒Visa）服务。需要持有签证入境的任何外国公民都可以申请该项服务。

根据邀请对象的不同，赞比亚电子签证可以分为商务签证（Business Visa）、旅游签证（Tourist Visa）、探亲签证（Visitor Visa）、过境签证（Transit Visa）、官方签证（Official Visa）、宗教签证（Religious Visa）、学习签证（School Visa）等。

4.10.1 电子签证的申请步骤

第一步，网上填报申请表格，并且缴纳规定费用和予以确认。

赞比亚移民局的官方网站首页（www.zambiaimmigration.gov.zm/）有电子签证（E-Visa）的专栏，点击进入相关网页后，需要按照要求填报签证申请人的相关信息，如所属国家、护照类型、护照号码、出生日期、电子邮箱等，然后上传规定格式的文件和在网上缴纳规定的签证费用（目前为 25.28 美元）。

第二步，获得电子签证批准函。

根据不同的签证类型，申请人一般可在 2 个工作日内收到电子签证（E-Visa）系统发送的签证审批结果，即批准函（approval letter）或拒绝函（rejection letter）。

一旦收到电子签证批准函，申请人需要打印出来，用于办理出入境手续。

第三步，凭电子签证批准函在赞比亚入境，并且获得盖章的签证。

在抵达赞比亚的航空或者陆路口岸时，等待入境的外国公民需要把护照和电子签证批准函交给赞比亚移民官，移民官审核无误后将在护照内页盖章签证。

4.10.2 部分类型的电子签证所需的文件清单

目前赞比亚移民局的电子签证系统只接受 JPG 或 PNG 格式的文件，而拒绝其他格式的任何文件。

1. 商务签证（Business Visa）所需的文件清单

（1）带有赞比亚企业抬头纸、包含赞比亚企业详细住址和联络电话等信息、写给赞比亚移民局局长的申请函；

（2）申请人的护照扫描件；

（3）申请人的护照规格的照片；

（4）赞比亚企业对签证申请人发出的邀请函；

（5）赞比亚企业的公司注册证书。

2. 旅游签证（Tourist Visa）所需的文件清单

（1）签证申请人写给赞比亚移民局局长关于旅游签证的申请函；

（2）申请人的护照扫描件；

（3）申请人的护照规格的照片；

（4）申请人预订的往返机票。

3. 探亲签证（Visitor Visa）所需的文件清单

（1）赞比亚东道主写给赞比亚移民局局长、注明赞比亚东道主详细住址和联络电话等信息、由东道主签字的申请函；

（2）申请人的护照扫描件；

（3）申请人的护照规格的照片；

（4）申请人预订的往返机票；

（5）赞比亚东道主的身份证明，例如国民注册卡（NRC）或者赞比亚移民局颁发的相关许可证。

4. 电子签证的注意事项

第一，申请任何类型的电子签证，都必须先缴费，后审批。

第二，申请探亲签证时，只有持有国民注册卡（NRC）的赞比亚公民，或者持有居民许可证、投资者许可证、工作许可证的外国公民才有资格发出邀请函，而持有学生许可证、探亲许可证、临时工作许可证、临时许可证的外国公民则无权邀请探亲人员。

第三，即使获得电子签证批准函，赞比亚边境口岸的移民官也有权拒绝相关外国公民入境，而且无须说明任何理由。这既是通行的国际惯例，也是国家主权的象征。

赞比亚移民局的电脑信息系统有禁止入境外国人（Prohibited Immigrants，简称PI）名单，凡是被列入该名单的外国公民，即使获得电子签证批准函，赞比亚边境口岸的移民官也有权拒绝其入境。

即使没有被列入禁止入境外国人名单，一旦发现等待入境的外国人存在违规之处，赞比亚边境口岸的移民官也可以拒绝其入境。例如，该外国人凭商务签证在过去的12个月内已经在赞比亚境内逗留了30天，却再次持有商务签证批准函准备入境；该外国人曾经在赞比亚境内申请和获得工作许可证。

4.11 关于持旅游签证入境后的注意事项

1. 核对机场移民官盖的签证章

一般来说，机场移民官获悉你的旅游目的之后都会盖"V30D"的签证章，其含义为"旅游签证30天"，凭此章可以旅游的名义在赞比亚合法逗留30天。但凡事都有例外，有时由于语言沟通方面的障碍，机场移民官也可能盖不足30天的签证章，例如"V14D（旅游签证14天）"，因此一定要注意核对签证章，不要想当然地认为获得30天的签证。

2. 在签证到期日之前办理延期手续

按照赞比亚的相关法律，外国人可以旅游名义在赞比亚合法逗留最多90天。但是，在签证到期日之前一定要去最近的移民局办理延期手续，否则就可能出现逾期滞留的结果。值得注意的有两点：一是这种延期手续可以在任何一个基层移民局办理，而且是免费和立等可取的；二是90天的逗留期只适用于从入境当天往前推12个月的期间，如果最近一年内曾经来过赞比亚旅游，则要扣除以前逗留的时间。

3. 避免出现在敏感的工作场所

有些人持旅游签证入境后直接在工地、仓库或者商店工作，这是违法行为。一旦被突击检查的移民局工作人员发现旅游签证持有人出现在一些工作场所，便有理由怀疑该人在从事与旅游签证目的不相符的行为，例如在该工作场所进行工作，从而被遣返回国。

4. 避免乘坐敏感的交通工具

有些人持旅游签证入境后乘坐某些中资企业的卡车，这是有风险的做法。按照赞比亚的相关法律规定，所有卡车都必须在车门等醒目位置标注车辆拥有人的名称。一旦被移民局工作人员发现旅游签证持有人乘坐某些中资企业的交通工具，便有理由怀疑该人在从事与旅游签证目的不相符的行为，例如在该中资企业进行工作，从而被遣返回国。

5. 避免穿着敏感的企业制服

有些人持旅游签证入境后穿着某些中资企业的制服上街，这是有风险的做法。一旦被移民局工作人员发现旅游签证持有人穿着某些中资企业的制服，便有理由怀疑该人在从事与旅游签证目的不相符的行为，例如在该中资企业进行工作，从而被遣返回国。

6. 坚持赴赞旅游的答复口径

持旅游签证入境后碰上赞比亚移民局工作人员的执法检查，尤其是出现在某些中资企业的工作场所，或者乘坐某些中资企业的卡车，或者穿着某些中资企业的制服，一定要按照移民官的要求提供相关证件，但要坚持赴赞旅游的统一口径，或者借口不懂英语，等待亲朋好友前来斡旋。

4.12 关于工作许可证使用的注意事项

最近几年，越来越多的华侨华人进入赞比亚从事投资、工作和生活，许多人按照有关规定申请并拿到了工作许可证。然而，由于不了解工作证使用中的注意事项，部分华侨华人在遇到移民局官员的盘问检查时应对失误，轻则被敲诈勒索，重则被关进看守所后限期离境或者出庭受审。为了避免此类事件的频繁发生，根据赞比亚《移民和驱逐法》的有关规定，以及在实际案例中积累的处理经验，我们总结了工作证使用中值得注意的下列事项，希望大家吸取前车之鉴，避免无妄之灾。

1. 核对工作证的相关信息

在领取工作证时，要认真核对工作单位、工作职位、工作地点、有效期限、伴随家属（配偶或孩子）姓名等信息必须与当初申请的相关内容是一致的。如果存在不一致之处，必须及时要求相关移民官进行更改，免得以后出现麻烦。

2. 及时办理报到令（Report Order）

一旦工作证申请获得批准，移民总局就会向申请人签发工作证批准函（Approval Letter）。凭该批准函，华侨华人可以办理赴赞比亚的商务签证入境。一般来说，在入境时出示该批准函，机场移民局官员将为华侨华人办理为期一个月的报到令。

在工作证到期之前的一两个月左右，华侨华人可以提交延期申请资料，拿到移民总局出具的缴费收据。凭该缴费收据，任何一个基层移民局可以办理为期一个月的报到令。只要工作证延期没有出现明确的结果之一：Approval（批准）、Reject（拒绝）或者 Defer for Inspection（检查后审批），那么华侨华人就可以每月去任何一个基层移民局继续盖章延期。

在报到令到期时，华侨华人必须去任何一个基层移民局及时办理延期（Extension）手续。如果没有及时延期，严格来说属于违反《移民和驱逐法》的行为。

如果在持有报到令（意味着没有拿到工作证本子）期间，华侨华人突然需要回中国一趟，则可以向基层移民局申请办理为期两个月的报到令。凭该报到令，华侨华人可以顺利离开中国边境口岸，也能顺利返回赞比亚工作场所。

3. 避免出现在敏感的工作场所

一般来说，拿着 A 公司的工作证，必须在 A 公司的经营场所从事相关业务。当 A 公司的工作证持有人出现在 B 公司的工作场所，并且碰巧遇上移民局的执法行动，事情就比较敏感了。移民官有理由怀疑 A 公司的工作证持有人是在为 B 公司工作，有权带走该工作证持有人接受进一步的甄别。有些华侨华人认为自己有合法的工作证，移民局不应该带走他/她接受进一步的甄别，这是对于《移民和驱逐法》有关规定的误解。

为了避免上述情形，建议 A 公司与 B 公司之间必须签订合法有效的协议，例如 B 公司聘请 A 公司的技术人员维修机械设备、管理建筑工地或者从事其他合法行为，从而为 A 公司的工作证持有人出现在 B 公司的工厂场所提供比较充分的证明文件。

4. 避免乘坐敏感的交通工具

一般来说，外籍员工应该乘坐本公司的车辆或者公共交通工具出外办事。出于安全便利、节约开支等各种原因，许多华侨华人喜欢搭"顺风车"去其他城市办事或旅游。然而，按照赞比亚的相关法律规定，任何轻型或者重型卡车都必须在车门标明公司名称，这为移民官判断工作证持有人的工作单位与所乘坐的交通工具所属单位是否一致提供了便利条件。当 A 公司的工作证持有人出现在 B 公司的车辆尤其是在车门标明公司名称的轻型或重型卡车上，在途中遇上移民局的盘问检查时，事情就比较敏感了。移民官有理由怀疑 A 公司的工作证持有人是在为 B 公司工作，有权带走该工作证持有人接受进一步的甄别。有些华侨华人认为自己有合法的工作证，搭"顺风车"没有违反任何法律，因而对移民官的盘问检查感到不耐烦甚至出言不逊，对移民官把他/她带走接受进一步甄别的命令不配合甚至抗拒，这有可能惹祸上身，轻则被敲诈勒索，重则被限期离境。此类案例，屡见不鲜。

为了避免惹祸上身，我们强烈建议华侨华人不要搭轻型或者重型卡车的"顺风车"。实在需要搭"顺风车"的话，请选择小轿车、面包车或者越野车等车型，并且务必带上合法的证件，如护照和工作证原件或者在基层移民局盖章的复印件，以免耽误自身的行程，或者陷入与移民官的不必要纠纷。万一遇上移民官的执法行动，切不可态度倨傲、出言不逊，更不可与移民官进行直接对抗，而要不卑不亢、迅速果断地解决纠纷。

5. 避免穿着敏感的企业制服

一般来说，外籍员工应当穿着本公司的制服从事相关工作。然而，当 A 公司的工作证持有人穿着 B 公司的制服从事工作或者外出办事，万一遇上移民局的执法行动，事情就比较敏感了。移民官有理由怀疑 A 公司的工作证持有人是在为 B 公司工作，有权带走该工作证持有人接受进一步的甄别。有些华侨华人认为自己有合法的工作证，穿其他公司的制服又没有违反任何法律，觉得自己受了天大的委屈，其实这是对于《移民和驱逐法》的误解。

为了避免"瓜田李下"的嫌疑，我们建议华侨华人不要穿其他公司的制服从事工作或者外出办事。

6. 避免从事与工作证不相符的职位

按照《移民和驱逐法》，外籍员工必须按照工作证所载明的职位从事相关工作。一旦在执法行动中发现外籍员工从事与工作证不相符的职位，移民官有权把该工作证持有人带走接受进一步的甄别。曾经发生过这种情形，某些拿着"英语翻译"职位的工作证的华侨华人却对移民官的盘问内容"一问三不知"。对于这种情形，移民官有权带走相关人员接受进一步调查，甚至吊销其工作证，并且追究有关企业的文件造假责任。

7. 避免挂靠其他公司

出于各种原因，有些华侨华人挂靠其他公司办理了工作证。必须指出的是，这是严重违反《移民和驱逐法》的行为。一旦被移民官发现，不仅本人要承担被驱逐出境的后果，而且还要连累被挂靠公司。

4.13 关于工作证变更雇主相关问题的答疑

1. 我跟原来的老板解除了合同，但是工作证本子还在我的身上，最近另外一个老板让我去上班，并且说不用办理新的工作证。我可以去新公司上班吗？

王新答（以下简称王答）：这样做有很大的风险，因为拿着 A 公司的工作证去 B 公司上班，属于欺诈行为。应该让原来的老板出具一封解雇信（Release Letter），然后把工作证本子交给新公司，办理变更雇主的手续。

邢万里答（以下简称邢答）：必须办理更换雇主手续。不然如果碰到移民局检查，会同时牵连到两家公司。新公司的这种说法，无非是想省钱、怕麻烦，这是极端不负责任的行为。这种公司不去也罢。

2. 我跟原来的老板解除了合同，工作证本子也被收走了，但是我不想回国，想在赞比亚再找一份工作。我的护照上盖了两年有效期的公章，能够继续留在赞比亚吗？

王答：有一定的风险。移民局的有效期公章必须与工作证本子配合起来使用。仅仅有公章，并不能证实你有权在赞比亚合法逗留。合法的做法是先找到有意向的新公司，然后回国，等新公司办下来新工作证，再重返赞比亚工作。

邢答：可以，但是如果出现问题，会牵连出很多问题，要做好被抓的准备。你需要和原来的雇主协商更换雇主，因为更换雇主需要上交工作证原件。即便找到了新的愿意聘用你的公司，也是需要上交原件，添加新雇主信息的。如果原雇主故意不发还工作证原件，则可写信给移民局，让移民局帮你索回。

3. 我曾经在赞比亚干了几年，现在国内，工作证本子在我身上，但是已经到期，我想再次去赞比亚找工作，可以直接去吗？

王答：工作证本子到期后就失效了，必须办理签证后才能去赞比亚。

邢答：建议先找好新雇主，办理好商务签证，同时找原来的雇主开具解雇信，准备好材料办理工作证的延期。这种延迟了一段时间的工作证延期需要提供护照出境和入境章页，证明自己是合法出入境。

4. 我曾经在赞比亚干了几年，刚回到国内，工作证本子在我身上，还没有到期。最近赞比亚另外一个老板让我过去工作，我是必须办理新的工作证，还是继续用原来的工作证？

王答：可以拿着旧工作证去赞比亚，但是要找原来的老板开具一封解雇信，然后让新老板尽快把旧工作证上交给移民总局，为你办理变更雇主的手续。

邢答：不要存有继续使用原来工作证的侥幸心理，过来之后，需联系原雇主协商，尽快办理工作证的更换雇主业务。

5. 我曾经在赞比亚干了几年，现在国内，工作证本子被以前的老板收走了，但是护照上盖的两年有效期公章还没有到期，我想再次去赞比亚找工作，可以直接去吗？

王答：移民局的有效期公章必须与工作证本子配合起来使用。仅仅有公章，不能证实你有权在赞比亚合法逗留。合法的做法是办好签证后重返赞比亚。

邢答：最好先找到工作，办理商务签证过来。过来之后到移民局确认自己工作证的状态，如果原雇主没有上交原件，需要去找原雇主协商让其协助你办理更换雇主。

6. 我在赞比亚某公司工作，也有工作证，但是另外一个老板开出了更高的工资，想把我挖走，让我带着工作证直接过去上班。我可以答应他吗？

第4章 移民事务须知

王答：这样做存在两大风险。首先，没有解除合同就跳槽，原来的老板可能要求你赔偿经济损失；其次，你拿着 A 公司的工作证去 B 公司上班，这属于欺诈行为。应该跟原来的老板协商好离职条件，出具一封解雇信，然后把工作证本子交给新公司，办理变更雇主的手续。

邢答：你在原公司工作是合理合法的，如果不办理更换雇主，就脱离原公司去新公司去工作，属于违法行为。如碰到移民局检查，会连累到两家公司。

7. 我在赞比亚某公司工作，但是没有给我办工作证，最近另外一个老板开出了更高的工资，想把我挖走，让我直接过去上班。我可以答应他吗？

王答：这样做存在较大风险。首先，原来的老板虽然没有给你办理工作证，但是你们双方之间可能有劳动合同，私下跳槽的话，原来的老板可以要求你赔偿经济损失；其次，新公司也不给你办理工作证，一旦被移民局查到，必然先把你关起来，然后遣送回国。应该跟原来的老板协商好离职条件回国，等新公司为你办好工作证，然后再重返赞比亚工作。

邢答：不管是哪个公司给你办工作证，你现在在赞比亚都是非法的，是不允许工作的，你首先必须得离境。这种情况就是非法务工，非法滞留。抓到就会被遣返。

8. 我在赞比亚工作了好几年，一直没有工作证，最近有个公司想挖我走，但是让我先回国，然后再来赞比亚。我现在回国有风险吗？

王答：当然有风险。你在赞比亚已经处于逾期滞留状态，出境时移民局官员轻则敲诈你一笔费用，重则扣留和起诉你。

邢答：可以提前找机场移民局协商，办理一次性出境证件（TP），即临时许可证；或者去移民局开具限期离境证明；如果不回赞比亚了，可以直接让移民局开具遣送证明，开具遣送证明后，半年内不允许返回赞比亚。

9. 我的工作证即将到期，但是老板要求我再干几个月，然后回家过年，这样做有风险吗？

王答：当然有风险。工作证到期后就失效了，继续工作的那几个月就

— 49 —

属于逾期滞留,一旦被移民局查到,将被驱逐出境。即使在继续工作的那几个月没有出事,等你出境时,移民局官员轻则敲诈你一笔费用,重则扣留和起诉你。

邢答:办理工作证延期或者临时工作证,以确保身份合法。如果出于个人感情没办,由此产生的风险和费用,比如机场出关费用,被抓的罚金,需要由公司老板支付并提前签好协议。

10. 我在赞比亚某公司工作,有技术岗位的工作证,但是快到期了,另外一个公司想挖我走,让我去管理工厂(或工地),我是继续用原来的工作证,还是要求新公司给我办理新工作证?

王答:如果原公司同意放你走,并且也为你出具了解雇信,那么你可以继续用原来的工作证,然后要求新公司为你同时办理变更雇主和延期的手续。

邢答:在拿到原公司的解雇信后,把工作证原件交给新公司,要求办理更换雇主和延期手续。如果继续使用原公司的工作证,出现移民问题会牵涉到两家公司。

11. 我在赞比亚某公司工作,有工作证,但是有一封信要求不得延期。另外一个公司想挖我走,并且答应给我重新办理变更雇主的手续。我可以去新公司上班吗?

王答:去新公司上班有很大的风险。你拿到的工作证属于有条件批准的工作证,只有在原公司工作才能一直干满两年,一旦离开原公司,移民局就不可能批准你变更雇主。因此,新公司不可能为你办下来变更雇主的手续。

邢答:你需要同时办理三种移民业务,拿到原公司的解聘信后,需要同时办理更换雇主,更换职业和延期。三位一体的难度较大,费用很高,仅官方收费就要 1.3 万克瓦查,但是事在人为。这也是移民业务里最变态的一种。或者第二种情况,按照原公司延期,在被拒三次后,写信按新公司重新申请,但是人必须离开赞比亚。

12. 我在赞比亚某公司工作,有工作证,但是有一封信要求不得延期。另外一个公司想挖我走,但是让我继续用原来的工作证,等到期后再想办法给我办理延期。我可以去新公司上班吗？

王答：去新公司上班存在很大的风险。首先，拿着 A 公司的工作证去 B 公司上班，这属于欺诈行为。其次，你拿到的工作证属于有条件批准的工作证，干满一年或者两年后就必须回国，不得延期，新公司说想办法给你办理延期手续的话是靠不住的。如果新公司真的有诚意雇用你，应该给你办理新的工作证。

邢答：你需要同时办理三种移民业务，拿到原公司的解聘信后，需要同时办理更换雇主，更换职业和延期。三位一体的难度较大，费用很高，仅经理支票就要 1.3 万克瓦查，但是事在人为。这也是移民业务里最变态的一种。或者第二种情况，按照原公司延期，在被拒三次后，写信按新公司重新申请，但是人必须离开赞比亚。

13. 我在赞比亚某公司工作，工作证批准函已经拿到，但是本子还没有领取，最近有个公司想挖我走，让我直接去上班。我可以去吗？

王答：这样做有风险。如果你是合法入境的，那么凭工作证批准函，可以去所在城市的移民局办理报到令的手续，也就是每月去移民局盖一次延期一个月的公章。但是盖的次数太多，移民局官员肯定会有所怀疑。如果移民局拒绝继续盖章，你就失去了在赞比亚合法居留的条件，有可能被遣返回国。合法的做法是让新公司为你办理新的工作证。

邢答：你绕不开你的原雇主，因为你的移民局系统里全部是原雇主的信息，即便原雇主愿意放你，也需要你先把工作证领到，再去办理更换雇主手续。随着赞比亚移民局电子办公业务的普及化，能钻的空子会越来越少。现在赞比亚的省级移民局、机场和主要陆路口岸已经和总局系统实现了联网。

14. 我在赞比亚某公司工作，有工作证，离到期还有一年左右。最近有个公司想挖我走，但是让我继续用原来的工作证，等到期后再给我办理延期。我可以去新公司上班吗？

王答：这样做有很大的风险。首先，私下跳槽会引起新旧公司之间的经济纠纷，你将成为牺牲品；其次，你拿着 A 公司的工作证去 B 公司上班，这属于欺诈行为，一旦被移民局查到，将被遣返回国；最后，新公司关于办理延期手续的话不可信，因为延期手续只能由原公司办理，新公司无权办理。你的工作证已经使用了半年以上，按照有关规定，可以办理变更雇主手续。但是，在跳槽过程中，要跟原公司协商好离职条件，拿到解雇信，然后把工作证本子交给新公司，由新公司办理变更雇主的手续。

邢答：新雇主的要求很无理，很无知，处处为自己考虑，不去也罢。王总的说法为正解。

15. 我在赞比亚某公司工作，有工作证，刚拿到三个月左右。最近有个公司想挖我走，让我拿着原来的工作证，到岗后立即给我办理变更雇主的手续。我可以去新公司上班吗？

王答：新公司的话不可信。你的工作证只使用了三个月左右，按照有关规定，只有工作证使用满半年以后才能办理变更雇主的手续。

邢答：在原单位工作满半年后，如果原雇主无异议，可以换工作单位，并要求新雇主办理变更雇主的手续，这样既可以让原雇主放心，又可以让自己的身份有着落。

4.14 关于《移民和驱逐法》部分条款的解读

28. (1) On application being made in the prescribed manner, the Director of Immigration may, in consultation with the Ministry responsible for labour, issue an employment permit to any foreigner outside Zambia who—

对于按照规定方式提出的申请，移民局局长经过与负责劳工事务的部门进行协商，可以向在赞比亚境外的符合下列条件的任何外国人颁发工作许可证：

(a) is not a prohibited immigrant（不属于禁止入境人员）；

(b) belongs to class A specified in the First Schedule（属于第一个附表所规定的 A 类人员）；

(c) is employed by the Government of the Republic of Zambia or a statutory body; or（受雇于赞比亚共和国政府，或者某个法定机构，或者）

(d) is a volunteer or missionary（属于志愿者或传教士）。

解读：第一，一旦被列为"禁止入境人员（Prohibited Immigrant）"，

那么外国人将不允许申请工作许可证,而移民局局长也不会批准这种人员的任何申请。

第二,在是否批准给外国人颁发工作许可证,移民局固然起主导作用,但劳工部门也有一定的发言权。目前的实际情况是,移民局和劳动部等有关部门组成一个审批委员会,每周的周二和周四举行审批会议,对于所有工作许可证的申请做出决定:要么批准(Approval),要么拒绝(Reject),要么推迟到检查后再定(Defer for Inspection)。

(2) The Director of Immigration may, in consultation with the Ministry responsible for labour, issue an employment permit to any person within Zambia who would be eligible under subsection (1) for such a permit if that person were outside Zambia.

移民局局长可以,经过与负责劳工事务的部门进行协商,向赞比亚境内的任何人员颁发工作许可证,这些人员曾经在赞比亚境外,并且符合上述第(1)条关于颁发此类许可证的有关条件。

解读:该条款的主要目的是给申请工作许可证延期的外籍员工进行"解套"。根据上述第(1)条的规定,外籍员工必须在赞比亚境外时申请工作许可证,移民局局长在审查有关申请资料后才能向其颁发工作许可证。当两年期满后,外籍员工申请工作许可证延期时,应该怎么办?如果照搬第(1)条的规定,那么该外籍员工就必须先出境,等延期申请被批准后,才能重返赞比亚。在实际情况中,这种生搬硬套的做法将给雇主带来很大的不便之处。于是,第(2)条的规定就应运而生,其含义在于,只要以前是在赞比亚境外合法申请的工作许可证,那么在申请工作许可证延期时,外籍员工是可以在赞比亚境内的,而移民局局长向其颁发工作许可证也是合法的。

(3) Any ministry or department of the Government or a statutory body that intends to employ a foreigner shall comply with the prescribed requirements, procedures and forms specified for the issuance of an employment permit to the foreigner.

准备雇用外国人的任何政府部门或法定机构应遵守既定的要求、程序和填写关于向外国人颁发工作许可证的规定表格。

解读：该条款的主要目的是确立内政部所属的移民局在管理外籍员工方面的权威性。即使是其他政府部门或者法定机构需要雇用外国人来从事某一方面的工作，应不应该向这些外国人颁发工作许可证，都必须由移民局进行审批。

（4）An employment permit shall specify（工作许可证应规定下列内容）：

（a）such conditions, if any, for observance by the holder, as to the area within which the holder may engage in employment and the nature of the employment in which the holder may engage, as the Director of Immigration considers necessary; and

如果移民局局长认为有必要的话，该证件持有人必须遵守的有关条件，例如持有人从事工作的区域和性质，以及

（b）the period of its validity（该证件的有效期）。

解读：一般来说，工作许可证都会标明持有人的工作岗位、工作地点和有效期，这也是移民局官员在突击调查外籍员工时重点盘问的内容。

关于有效期，如果处于工作证的截止期限之内，则属于合法居留，如果处于截止期限之外，则属于非法滞留，其含义不言自明。

关于工作岗位，如果移民局官员发现有可疑之处，有权扣押持有该工作证的外籍员工。例如工作岗位是翻译，但是对于移民官的盘问内容"一问三不知"，这就非常可疑；工作岗位是技术主管，但是坐在收银台收受顾客的现金，这也有可疑之处。

关于工作地点，移民局官员经常以此为借口来敲诈勒索外籍员工。确实，工作许可证上都会标注工作地点，但是为了拓展业务的需要，每个雇主都免不了要派遣外籍员工前往其他城市或地区的分支机构。为了遵守移民局的相关规定，雇主应致函赞比亚移民局，阐述派驻理由，随附拟派驻外地的外籍员工名单和工作许可证复印件，在获得批准之后，前往派驻所在地的移民局进行备案。

（5）The period of validity of an employment permit, in any case, shall be for a period from the date of its issue to a date, as the Director of Immigration,

第 4 章　移民事务须知

having regard to all the circumstances of the case, thinks fit, and shall be capable of extension for a further period or periods to a maximum of five years from the date of its issue.

在任何情况下，工作许可证的有效期应从颁发之日开始一直持续到移民局局长在考虑各种情况后认为合适的期限，并且应该能够延期至更长的某个期限，或者某几个期限，但从颁发之日起算，最长不得超过五年。

解读：第一，正如大家所熟知的，工作许可证的有效期一般是两年，但是在特殊情况下，也可能是一年，或者半年，甚至是三个月。当有效期少于两年时，可能是该申请人的护照有效期不到两年，也可能是移民局长认为他/她申请的工作岗位不需要由外籍员工干满两年。

第二，工作证从颁发之日起算，最长不得超过五年，这是明确的法律规定。当然在现实情况中，可能存在各种例外情形。

（6）Subject to this Act and to any conditions specified in an employment permit, the permit shall authorise the holder –

取决于本法律，以及工作许可证所规定的任何条件，该证件应准许持有人从事：

（a）to engage in paid work under an employer resident in Zambia; and （在赞比亚境内的某个雇主处从事有偿工作，以及）

（b）to enter and re enter into and to remain within Zambia until the permit expires. （进入、再次进入，并且在赞比亚境内持续居留，直至该证件到期）。

解读：第一，工作证持有人可以在赞比亚境内从事有偿工作，这是其本来含义。第二，只要工作证仍然在有效期内，那么其持有人就可以自由出入赞比亚边境口岸，而不必额外缴纳其他费用，或者办理其他签证。

（7）An employer shall, on the termination of an employment contract of, or the resignation or dismissal of, a foreign employee who is, the holder of an employment permit issued under subsection （1）, surrender the employment permit to the Director of Immigration within one month of the termination of the employment contract, resignation or dismissal of the foreign employee.

根据上述第（1）条颁发的工作许可证持有人的外籍员工，在雇用合同结束，或者辞职，或者被开除时，雇主应在雇用合同结束，或者该外籍员工辞职或被开除后的一个月内，向移民局局长上缴该工作许可证。

解读：当外籍员工的雇用合同到期，或者主动辞职，或者被雇主开除，雇主必须收缴其工作许可证原件，并且在雇用合同到期、主动辞职或者被开除后的一个月内及时把工作证原件上缴给移民局，这是法定义务。如果雇主对于前外籍员工的工作许可证放任自流，例如让前外籍员工带走工作证原件，或者收缴工作证原件后不及时上缴给移民局，那么雇主将不得不承担相应的后果。

(8) An employer shall, on termination of an employment contract of, or the resignation or dismissal of, a foreign employee who is the holder of an employment permit, issued under subsection (1), be fully responsible for the repatriation of the former foreign employee and other costs associated to the deportation of that former foreign employee if that former foreign employee fails to leave Zambia when no longer in employment.

根据上述第（1）条颁发的工作许可证持有人的外籍员工，在雇用合同结束，或者辞职，或者被开除时，雇主应该负责把前外籍员工遣送回国，如果该前外籍员工在不再受雇的情况下没有离开赞比亚，则雇主必须承担与驱逐该前外籍员工有关的其他费用。

解读：当外籍员工的雇用合同到期，或者主动辞职，或者被雇主开除，他/她必须离开赞比亚。对于雇主来说，要买机票送这个前外籍员工回国；对于外籍员工来说，不得以工作许可证还没有到期为理由在赞比亚境内继续停留。如果移民局官员在盘问该外籍员工时发现他/她的雇用合同已经到期，或者主动辞职，或者被开除，那么可以立即收缴其工作许可证，然后扣押该外籍员工，直至前雇主同意买机票送其回国。

(9) An employer who contravenes subsection (7) or (8), commits an offence and is liable, upon conviction, to a fine not exceeding two hundred thousand penalty units.

违反上述第（7）条和第（8）条的雇主存在违法行为，一旦被判罪名成立，则必须缴纳不超过 20 万个罚金单位。

解读：第一，按照目前的相关规定，每个罚金单位相当于 0.3 克瓦查，20 万个罚金单位相当于 6 万克瓦查。

第二，当外籍员工的雇用合同到期，或者主动辞职，或者被雇主开除，把工作许可证上缴给移民局，并且把外籍员工送到赞比亚境外，这是雇主的义务。如果雇主准许雇用合同到期、主动辞职或者被开除的外籍员工在赞比亚境内停留，或者准许他/她把工作许可证带走，或者收缴其工作许可证后没有及时上缴给移民局，那么雇主将承担相应的法律责任，即有可能向移民局缴纳不超过 6 万克瓦查的罚金。

(10) The Director of Immigration may issue a temporary employment permit to any business visitor who intends to remain in Zambia for a period in excess of thirty days, except that any period granted under a temporary employment permit shall not exceed six months in any period of twelve months.

移民局局长可以向计划在赞比亚停留超过 30 天的任何商务考察人员颁发临时工作许可证，但这种临时工作许可证所批准的任何期限，在 12 个月的任何期限内不得超过 6 个月。

解读：按照有关法律规定，赞比亚移民局颁发的商务考察签证的持有人在赞比亚的停留时间每年不得超过 30 天。如果持商务签证入境的外国人希望停留更长的时间，就必须办理临时工作许可证（Temporary Employment Permit，简称 TEP）。一般来说，临时工作许可证（TEP）首次批准时，有效期为三个月，然后允许延期一次，有效期还是三个月。当持有临时工作许可证（TEP）达到 6 个月后，就必须离开赞比亚。

29. (1) Any foreigner intending to establish a business or invest in, or who has established or invested in a business in Zambia shall apply to the Director of Immigration for an investor's permit in the prescribed manner and form.

准备在赞比亚设立或者投资于某个企业，或者已经设立或投资于某个企业的任何外国人必须按照规定的方式填报规定的表格，向移民局局长申请投资者许可证。

解读：按照该条款的规定，只要外国人成为在赞比亚注册的某个企业的股东，不管是最初创建的股东，还是后来加盟的股东，都必须申请投资者许可证。换句话说，一边拿着工作许可证，一边当着某个赞比亚企业的股东，这是非法的。一旦被移民局发现，工作许可证有可能被吊销，或者禁止延期。

（2）The Director of Immigration may, upon receipt of an application under subsection (1), issue the applicant with an investor's permit if the applicant

在收到根据上述第（1）条提交的申请之后，移民局局长可以向申请人颁发投资者许可证，如果申请人具备下列条件：

（a）is not a prohibited immigrant（不属于禁止入境人员）；

（b）is a person who will invest or has invested a prescribed financial or capital contribution in the business and shows proof of the same or holds, and submits to the Director of Immigration, an investment licence issued by the Zambia Development Agency; or（即将或者已经对于某企业投资了规定的出资额，并且出具这种出资额的证明文件，或者持有赞比亚发展署颁发的投资许可证，并且把该文件提交给移民局局长）；

（c）is an investor who is joining an existing business entity and has a clearance letter from the Zambia Development Agency（加入某个现有企业，并且持有赞比亚发展署出具的说明函）。

释义：该条款规定了颁发投资者许可证的必要条件，其中（a）条款的含义是不言自明的，赞比亚不可能对于禁止入境人员颁发任何入境居留的许可证；（b）条款要求申请人必须对赞比亚某企业进行了实实在在的投资，要出具证明文件来显示出资额已经到位，虽然要求申请人必须提供赞比亚发展署（Zambia Development Agency）颁发的投资许可证（Investment License），但该证件只具有参考意义，而不是审批依据；（c）条款要求申请人加入赞比亚某个现有企业后向移民局局长提供赞比亚发展署出具的说明函（Clearance Letter），在实际情况中很少遇到，因为赞比亚某企业的股东名单出现变更，申请人必须提交主管部门——专利和公司注册局（PACRA）出具的股东名单，才能证实自己具有申请投资者许可证的资格条件，而赞比亚发展署一般不对外国在赞比亚的投资企业出具说明函。

(3) The holder of an investor's permit may conduct or supervise work（投资者许可证持有人可以从事或者监管相关工作）。

解读：该条款规定，只要拿到投资者许可证，该外国人既可以在赞比亚亲自干活，也可以指挥其他员工干活。

(4) The following shall apply in respect of an investor's permit（投资者许可证必须满足下列要求）：

(a) a holder of the permit shall not engage in any business other than as is prescribed for in the permit（该许可证的持有人不得从事该许可证规定之外的任何其他业务）；

(b) the spouse and children, over eighteen years, of that foreigner may be issued with employment permits if they are to be employed in the family business（该外国人配偶和超过18岁的孩子，如果要在家族企业里工作，必须持有工作许可证）；

(c) the holder of the permit may employ such number of qualified expatriate employees as may be authorised by the Director of Immigration on condition that the holder employs a prescribed minimum number of citizens（该许可证持有人可以雇用移民局局长批准的一定数量的合格的外籍员工，前提条件是该许可证持有人必须雇用规定的最低数量的赞比亚公民）；

(d) the permit shall indicate the period of time for which it is valid and whether it is subject to renewal for a further indicated period（该许可证必须标明有效期，以及是否允许延长到规定的期限）；

(e) the permit shall specify the terms and conditions of the permit; and（该许可证必须规定有关条件）；

(f) the holder of the permit may enter and re enter and remain in Zambia until the permit expires in accordance with its terms（该许可证持有人可以进入和重新进入赞比亚，并且根据有关条件一直停留至该许可证的到期日）。

解读：该条款规定拿到投资者许可证必须满足的有关条件，其中（a）条款意味着这种许可证持有人不能"挂羊头、卖狗肉"，例如以从事农业的名义申请下来投资者许可证，却干着商贸业或者建筑业的业务，这是不允许的；（b）条款规定投资者许可证持有人配偶和超过18岁的孩子也必须在获得工作许可证之后才能在家族企业里工作；（c）条款规定，投资者许可证持有人只有在雇用规定的最低数量的赞比亚公民之后才能申请外籍员工的工作许可证，因为移民局之所以批准投资者许可证，主要目的在于为赞比亚公民创造更多的就业岗位；（d）条款规定了投资者许可证的有效期，目前首次颁发的有效期为一年，然后在每次联合检查通过之后可以延期两年；（e）条款的含义不言自明，无须过多解释；（f）条款的规定意味着，如果拿到投资者许可证，持有人在该许可证的有效期内可以自由出入赞比亚，想待多久就待多久。

（5）A person issued with an investor's permit shall notify the nearest immigration officer of any change of address（获得投资者许可证的人出现地址的任何变更，应该通报最近的移民局）。

解读：获得投资者许可证之后，持有人如果实际住址出现变更，或者所投资企业的地址出现变更，例如搬迁经营地址、增加或者减少分支机构，都必须通知最近的移民局。

（6）A holder of an investor's permit who fails to notify an immigration officer in writing of any change of address commits an offence and is liable, upon conviction, to a fine not exceeding one hundred thousand penalty units（投资者许可证持有人未能以书面形式向移民局通知地址变更情况属于违法行为，一旦被判罪名成立，将被处以不超过10万个罚金单位的罚金）。

释义：投资者许可证持有人出现地址变更情况，必须向最近的移民局提交书面通知。如果不这么做，一旦遭到移民局的起诉，有可能要缴纳3万克瓦查的罚金，因为目前每个罚金单位相当于0.3克瓦查，10万个罚金单位就相当于3万克瓦查。

4.15　铜带省移民局负责人关于移民法规的答疑

2018年12月10日，铜带省移民局副局长Mufelo Munalula和基特韦市

第 4 章　移民事务须知

移民局局长 Joseph Mubita 应邀为赞比亚华侨华人总会铜带省分会的会员企业介绍了赞比亚移民法规的主要内容，并且对于有关疑问进行了解答，相关要点归纳如下：

1. 移民局的法定职责来源于 2010 年颁布实施的《移民和驱逐法》的授权。

2. 在赞比亚驻华使馆办理的旅游签证通常会有 90 天的有效期限，但是在机场入境时，你必须向移民官告知入境目的，不管是看望朋友还是看望动物，机场移民官最多给予 30 天的旅游签证，并在护照上盖章。当 30 天的签证到期后，你必须到最近的移民局免费盖章延期一次，一般还是 30 天；当 60 天的签证到期后，你还可以到最近的移民局免费盖章延期一次，一般还是 30 天。因此，凭旅游签证入境赞比亚，你最长可以逗留 90 天。

3. 凭旅游签证入境满 90 天之后，如果你仍然要留在赞比亚，那么就必须交钱办理旅游许可证。该许可证可以延期两次，每次 3 个月。

4. 凭旅游签证入境满 90 天之后，如果你没有按照有关规定及时办理探亲许可证，那么你就处于逾期滞留状态，属于违法行为。为了使自己在赞比亚的居留合法化，你必须申请临时许可证，首次申请费用为 6000 克瓦查（备注：现已调整为 1.8 万克瓦查），可以延期一次。首次申请和延期的最长期限均为 3 个月。

如果有人凭旅游签证入境，但是在 90 天的合法逗留期限之后希望继续留在赞比亚，不管是在某公司上班还是自己做生意，都必须申请临时许可证，而不允许申请临时工作许可证。

5. 如果事先办理了商务签证，那么在机场入境时移民官最多给你 30 天的商务签证有效期。在 30 天的合法逗留期限之后希望继续留在赞比亚工作，就必须申请临时工作许可证。TEP 的首次申请费用为 4500 克瓦查（备注：现已调整为 13500 克瓦查），可以延期一次。首次申请和延期的最长期限均为 3 个月。

6. 关于 TP 和 TEP 的区别：TP 和 TEP 的颁发和延期分别来源于《移民和驱逐法》第 27（1）条和第 28（1）条的授权；TP 颁发给违规入境或者逾期滞留的外国人，目的是使其在赞比亚的居留合法化，可以主动申请，也可以被动接受；TEP 颁发给凭商务签证入境后希望在赞比亚继续工作的外国人，目的是引进赞比亚无法满足的劳工，必须主动申请，只有满足一定的资格条件才能获得批准；TP 一般颁发给凭旅游签证入境的外国人，而 TEP 只能颁发给凭商务签证入境的外国人。

7. 移民局注意到，有些外国人凭商务签证入境后希望办理长期工作证（Employment Permit，简称 EMP），作为某种谅解手段，允许这些外国人先办理临时工作证（TEP）、临时许可证（TP）或者报到令（Report Order），后办理长期工作证。但是，这种先入境、后申请的长期工作证会不会被受理，取决于移民总局局长的考虑。对于某些关键岗位，也许会被受理。即使出现这种情形，也不意味着相关法律规定已经进行了修订。如果移民总局局长拒绝受理这种申请，那么就必须把临时工作证上交给移民总局，并且出示离境公章。可以由未来雇主把临时工作证（TEP）随长期工作证的申请资料一起提交给移民总局，也可以在出境时把临时工作证留给机场移民局，然后由其转交给移民总局。

8. 在恩多拉移民局申请临时工作证之后，需要妥善保管缴费收据。只要拿到临时工作证受理的缴费收据，当 30 天的商务签证到期之后，如果是在恩多拉市工作，办不办理报到令无关紧要，即使被移民官查到，只要出示缴费收据即可通过信息管理系统核实相关申请的最新进展；如果是在基特韦等其他的铜带省城市工作，必须凭缴费收据去当地移民局办理报到令，因为这些城市的移民局目前没有与恩多拉移民局的信息管理系统联网，无从核实相关申请的最新进展。

9. 一般来说，凭商务签证入境的外国人，在 30 天到期后可以申请临时工作证。但是，如果该外国人的商务签证过期了一段时间，例如过期了 20 天，那么他/她就必须申请临时许可证（TP），因为这时他/她属于逾期滞留状态。

10. 如果某个外国人持有 A 公司的工作证，却在 B 公司工作，这是违反移民法规的行为。如果是 A 公司的工作证持有人出于看望朋友、工作沟通等合理目的而出现在 B 公司的工作场所，这是允许的，但是要向移民官提供相应的证据。移民局经常碰到的情形是，A 公司的某个中国人坐在 B

公司收银台的椅子上给顾客结账，这不是工作是什么？

11. 经营连锁商店的企业，必须向移民总局局长写一封介绍信，介绍在全国哪些城市有哪些连锁商店。当移民总局局长了解到这些信息之后，会批转到相关省份的移民局予以关注。这封批准的函件肯定会抄送给这家经营连锁商店的企业。当地移民局对于辖区内的连锁商店进行执法检查时，如果这家企业负责人能够出示移民总局批转的相关函件，那么当地移民局就不会以工作地点不符为理由带走从其他连锁店过来接洽业务的外国人。

值得注意的是，外国人在不同的连锁商店合法工作是有条件的。首先，外国人工作证上的雇主名称必须与连锁商店名称一致；其次，只有担任运营经理（Operation Manager）等职位的外国人才能允许去其他连锁商店检查工作或者接洽业务，而担任专业性岗位的外国人必须在规定的地点工作。

12. 经营建筑业务的企业，无须像经营连锁商店的企业那样给移民总局写介绍信，但是当一个新项目开工时，必须把相关合同提交给当地移民局进行备案，这样的话，当地移民局就不会以工作地点不符为理由带走在施工现场工作的外国人。

13. 当基特韦移民局去某个企业进行现场检查时，主要目的是检查外国人持有的合法居留证件。只要有合法证件，就不会扣押外国人。凡是在现场检查时被带走和扣押在移民局办公室、警察看守所或者关在监狱里的外国人，都是无法提供合法证件的，或者证件是有问题的。只要把相关文件送到移民局办公室，移民官核实无误之后就会立即放人。有的中国人向现场检查的移民官求情或者担保，声称某人的工作证放在什么地方，希望不要把他/她带走，但这是徒劳的，因为移民局的正常执法程序不允许这么做。必须先把证件有问题的外国人带到移民局办公室，然后等待相关证件送到后进行核实。只要证件是合法的，就会放人。

14. 在突击检查时，外国人要积极配合移民官的正常执法工作，该解释就解释，该录口供就录口供，而不要大吵大闹，干扰移民官的执法工作。如果在执法过程中遇到不冷静的外国人，移民官有权把他/她送到监狱里待几天，等他/她头脑冷静之后再处理问题。

如果某个外国人在无意之中导致相关签证或者许可证过期了一段时间，只要向基特韦移民局局长进行合理的解释，那么该局长可以指示相关移民官办理临时工作证、临时许可证或者报到令，从而使该外国人在赞比亚的居留合法化。

如果相关移民官认定某个外国人是故意在赞比亚逾期滞留的，那么当地移民局长可以把他/她关进监狱，责令其办理临时许可证，或者提交回国机票，由移民官押送到机场，强迫其离境。当地移民局长也可以决定向当地法院起诉这个逾期滞留的外国人，由法官来判定他/她有没有触犯相关移民法规。

我们欢迎外国人在赞比亚提供高质量的服务，但是请外国人不要跟移民官玩捉迷藏的游戏，请先支持我们的工作，然后我们才能帮助你们（Please help us，then we help you）。

15. 某些企业需要统一保管外国人的护照和工作证原件，这是可以理解的，但是外国人要随身携带经过当地移民局盖章确认的合法证件复印件。这样的话，在突击检查时，当地移民官能够辨认签字和盖章的真伪，就不会要求把人带走核查证件。如果外国人只随身携带了普通的复印件，当地移民官在突击检查时无法辨认复印件的真伪，有可能要把外国人带走，等待原件送过来之后再去核实复印件的真伪。

16. 对于在赞比亚逾期滞留的外国人，有两种比较严厉的处罚手段，一种是驱逐出境（Deportation），另一种是移送出境（Removal）。

被驱逐出境的外国人必须在驱逐令（Deportation Warrant）上签字画押，然后由移民官在其护照上盖上公章和标明触犯移民法规的类型，最后把该外国人的相关信息录入移民总局的信息管理系统。这样的话，当这个外国人下次来到赞比亚的某机场申请入境时，信息管理系统会自动提示他/她是"禁止入境者（Prohibited Immigrant，简称PI）"，机场移民官就会拒绝给其颁发入境签证，而会要求他乘坐同一趟或者下一趟班机回国。被驱逐出境的外国人只有向内政部长提出申诉，并且获得内政部长的豁免，才能获准重新入境。

被移送出境的外国人，按照有关移民法律的规定，必须在离境 6 个月之后才能重新入境。如果离境后不到 6 个月，该外国人获得工作证批准函，然后凭相关签证再次要求入境，这是一种模棱两可（Tricky）的情形，机场移民官可以准许，也可以拒绝该外国人入境。

17. 要申请投资者许可证，外国人必须在赞比亚投资至少 25 万美元。最直截了当的办法就是从境外向赞比亚的某公司账户汇入至少 25 万美元，当然也可以把进口到赞比亚的机器设备价值、在赞比亚土地上新建的建筑物投资额进行评估，如果达到 25 万美元，也可以申请投资者许可证。

值得注意的是，进口到赞比亚的机器设备价值多少，是以赞比亚税务局（ZRA）核准的报关单所申报的价格为准，而不是以其他单据列明的价格为准；在赞比亚土地上新建的建筑物投资额，必须由外国人自行聘请资产评估公司进行评估，然后由当地移民局对于评估报告进行检查核实，并向移民总局出具检查报告；外国人在赞比亚购买土地的资金，一般无法认定为实际投资额，因为这些钱可能是借来的。

18. 只有配偶和 18 岁以下的孩子才能办理伴随签证（Inclusion of Spouse or Children），而不包括父母。根据即将实施的新系统，每个申请陪伴的配偶和孩子，都可以获得一个计算机生成的卡片，而不再把其姓名和出生日期加注在工作许可证或投资者许可证的相关页面（备注：目前赞比亚移民局的信息系统不允许给伴随的配偶和孩子发放单独的卡片，而是凭批准函在各自护照上盖章）。

19. 通过工作许可证满 10 年的渠道获得永久居留证（Residence Permit）的外国人，如果原来的公司破产清算，必须向当地移民局及时报告，然后办理变更手续，可以是变更职位，也可以是变更雇主。根据即将实施的新系统，今后此类永久居留证（Residence Permit）的卡片只注明职位，例如工程师，因此持有人可以去任何企业工作（备注：目前赞比亚移民局的信息系统对于这类永久居留证持有人的卡片仍然注明雇主名称）。

永久居留证持有人每年在赞比亚居住的时间必须半年以上。如果该外国人在境外停留的时间超过半年，必须写信给移民总局局长并且获得批准，否则有可能被机场移民官拒绝入境。

20. 根据即将实施的新系统，今后各种许可证均为计算机生成相关内容的卡片，不再有任何手写内容。目前这种卡片只能在移民总局进行打印，今后可能在相关省会城市的移民局进行打印（备注：目前省会城市的移民局只能打印临时许可证、临时工作证和探亲许可证）。当有关人员领取这种卡片时，移民官将对卡片持有人现场拍摄免冠照片，然后印制在相关卡片上。

第 5 章 税收管理须知

赞比亚财政部负责制定赞比亚的税收政策，赞比亚税务局（Zambia Revenue Authority，简称 ZRA）负责执行税收政策。赞比亚主要的税种包括直接税（主要指公司所得税、个人所得税和基于个人收入的其他税收）、关税、消费税、增值税、资产转移税和根据 2008 年《矿业和矿产法》征收的矿产资源税。

5.1 所得税

根据赞比亚的税收体制，收入来源和住所是确定所得税（Income Tax）纳税义务的基础。

根据《所得税法》的规定，任何获得依法应税收入的个人（包括法人、企业和自然人）应在首次获得该收入之日起的 30 日内，以书面方式通知赞比亚税务局。该法还对未能及时提交通知者规定了处罚措施。每年的 1 月 1 日至 12 月 31 日为一个税收年度（征税年度）。

5.1.1 公司所得税

从 2022 年 1 月 1 日起，赞比亚公司所得税的标准税率调整为 30%，适用于不同行业的公司所得税如表 5 - 1 所示：

表 5 - 1

行业	税率
矿产加工业	30%

续表

行业	税率
采矿业	30%
制造业和其他公司	30%
电子通讯行业： 低于25万克瓦查的收入部分 高于25万克瓦查的收入部分	 30% 40%
信托、继承或破产的资产	30%
利用电解铜加工产品的收入	15%
经过批准的公益组织（Public Benefit Organization）来自经营业务的收入	15%
农产品加工业	10%
农业	10%
非传统商品出口——农产品加工业和农业	10%
非传统商品出口——其他行业	15%
化学肥料的生产	15%
有机肥料的生产	15%
酒店和旅馆业来自餐饮和住宿业务的收入（截止到2022年12月31日）	15%
农村企业	前五年税率降低1/7
在2006年《赞比亚发展署法》宣布的优先行业从事经营的企业（指2013年10月11日之前获得的赞比亚发展署相关许可证持有人）	前五年0% 第6年至第8年，税率减征50% 第9年至第10年，税率减征25%
在农村地区、多功能经济区或工业园从事制造业或发电业务的企业	从开业之日起，前五年0%
在多功能经济区或工业园从事出口业务的企业宣布发放的红利收入	前10年0%
从事瓷砖生产业务的收入	0%（适用于2022年和2023年）

有些纳税人需要就同一笔收入在不止一个国家或地区纳税，这种国际双重征税的困境对人员、资金和投资资源的国际流动带来不利影响。有鉴

于此，相关国家往往通过签订避免双重征税的国际协定，允许在一国缴纳的税款用于抵扣另一国的应纳税，从而避免双重征税。2010年7月，中赞两国政府有关部门签署了《对所得避免双重征税和防止偷漏税的协定》。该协定自2011年6月30日起生效，适用于2012年1月1日或以后取得的所得。

5.1.2 个人所得税

目前赞比亚的个人所得税（Pay‑As‑you‑Earn，简称PAYE）的税率为25%~37.5%，从2022年1月1日开始，起征点为每月收入4500克瓦查。

雇主必须注册和执行工资所得税预扣制度，即雇主必须从有纳税义务的雇员薪酬中扣除应缴的税收，统一上缴赞比亚税务局。雇主有义务代扣代缴这种税收。

在赞比亚受雇工作或提供服务的外籍雇员，其已付和应付的薪酬应缴纳个人所得税，即使该薪酬是在赞比亚以外的地点支付或应付，或者由居住在赞比亚以外的人支付或应付。此外，雇主应在每个征税年度末，使用赞比亚税务局的法定表格提交年度个人所得税申报表。

2022年个人所得税的适用税率如表5-2所示：

表5-2

收入幅度	适用税率
每月0~4500克瓦查	0%
每月4501~4800克瓦查	25%
每月4801~6900克瓦查	30%
每月6900克瓦查以上	37.5%

假设某员工的2022年1月收入总额为15000克瓦查，那么可以按照下列步骤来计算其应缴的个人所得税和应得的净收入：

（A）对应纳税所得额（Taxable Pay）进行分档

应纳税所得额：15000克瓦查

第一档收入（0~4500克瓦查）：4500克瓦查；

第二档收入（4501~4800克瓦查）：300克瓦查；

第三档收入（4801~6900克瓦查）：2100克瓦查；

第四档收入（超过6900克瓦查）：8100克瓦查 = 15000 - 4500 - 300 - 2100

（B）计算个人所得税

第一档收入：4500克瓦查，税率为0%，个人所得税为0；

第二档收入：300克瓦查，税率为25%，个人所得税为75克瓦查；

第三档收入：2100克瓦查，税率为30%，个人所得税为630克瓦查；

第四档收入：8100克瓦查，税率为37.5%，个人所得税为3037.5克瓦查；

应缴的个人所得税合计：3742.5克瓦查

（C）计算净收入（Net Pay）

收入总额：15000克瓦查

应缴的个人所得税合计：3742.5克瓦查

净收入：11257.5克瓦查 = 15000 - 3742.5

5.1.3 营业税

根据1995年第4号法律《增值税法》的规定，从事执行标准税率或零税率的货物或服务的每个经销商或供应商，如果年应税营业额没有达到80万克瓦查，则根据实际发生的年应税营业额，按照4%的税率征收营业税（Turnover Tax）。

个人或公司获得的年租金收入如果低于80万克瓦查，按照4%的税率进行纳税；如果高于80万克瓦查，则按照12.5%的税率进行纳税。

5.1.4 推断税

对于载客用途的机动车辆，按照表5-3征收推断税（Presumptive Tax）：

表 5 – 3

车辆类别（座位数量）	每辆机动车每年应纳税额（克瓦查）
64 个座位或更多	12960
50～63 个座位	10800
36～49 个座位	8640
22～35 个座位	6480
18～21 个座位	4320
12～17 个座位	2160
12 个座位以下（含出租车）	2160

5.1.5 基准税

对于从事非正式行业的有关人员，征收每人每年 365 克瓦查的基准税（Base Tax）。

5.1.6 预扣税

适用税率见表 5 – 4：

表 5 – 4

类　别	税率
红利（居民）	15%
红利（非居民）	20%
矿业公司支付的红利	0%
卢萨卡证券交易所上市企业支付给个人股东的红利	0%
机动车辆、摩托车和自行车组装企业支付的红利	0%（前五年）
来自农业收入的红利	0%（前五年）
在农村地区、多功能经济区或工业园从事制造业或发电业务的企业	从开业之日起，前五年 0%
赞比亚政府债券和国库券利息——居民（对于个人和免税组织为最终税收）	15%
赞比亚政府债券和国库券利息——非居民	20%

续表一

类　别	税率
个人利息（来自银行或住房合作社的储蓄账户）	0%
利息（居民）	15%
利息（非居民）	20%
特许权使用费（Royalties）（居民）	15%
特许权使用费（Royalties）（非居民）	20%
租金（最终税收）	10%
支付给居民的佣金	15%
支付给非居民的佣金（最终税收）	20%
居民的公共娱乐费	不适用
非居民的公共娱乐费（最终税收）	20%
支付给居民的管理和咨询费	20%
支付给非居民的管理和咨询费	20%
对非居民承包商的付款（最终税收）	20%
未在赞比亚注册的再保险机构获得的再保险收入	20%
分支机构利润的支付或分配	20%
在赌场、买彩票和打赌中赢得的钱	20%

备注（i）：利息包括由法院判决授予的利息。

备注（ii）：特许权使用费（Royalties）包括出租收入，因此租金收入必须征收预扣税。因承租商业、工业或科研设备所支付的费用要缴纳特许权使用费。但预扣税不适用于金融租赁。

5.2　增值税

增值税（Value Added Tax，简称VAT）标准税率为16%。但某些特定货物或服务享受零税率或免征待遇，其中从2020年1月1日起，供应液化石油气（LPG）、全部或者部分使用LPG的有关器具、电解铜，以及向大规模采矿许可证持有人（一般都是大型矿业公司）供应特定种类的资本性货物，实行增值税的零税率；从2020年4月1日起，供应用于抗击新冠肺炎疫情的部分医疗物资，实行增值税的零税率；从2021年1月1日起，供应农业用拖拉机及其配件,实行增值税的零税率。

根据1995年第4号法律《增值税法》的规定,从事执行标准税率或零税率的货物或服务的每个经销商或供应商,只要年应税营业额超过80万克瓦查,就必须进行增值税的强制注册。营业额低于法定最低营业额的经营者可以自愿注册。

16%的增值税适用于货物和服务,不仅适用于国内生产的产品,也适用于进口商品。增值税应在到岸价(CIF价)加上关税的基础上征收。医疗、教育以及殡葬服务等社会服务行业可享受增值税免征待遇。注册的经销商或供应商必须在法定会计期间结束后的18日内按月申报增值税,除非获准延长纳税期间。延迟或遗漏申报,包括零税额申报,都必须缴纳罚金。进项增值税可在含税发票或其他证明文件出具之日起的三个月内申请返还。在增值税注册之前发生的进项增值税必须在三个月内申请返还。

从2020年1月1日起,从事采矿业、矿产加工业和勘探业的企业所采购的柴油获准成为进项增值税的比例从90%下调为70%,所采购的电力获准成为进项增值税的比例从100%下调为80%。

5.3 关税

赞比亚的关税分为三类:制成品税率为25%;中间产品税率为15%;原材料和资本性货物税率为0~5%。

5.4 国内消费税

表5-5

应征消费税产品	计量单位	税率
香烟	Mille	145%或者302克瓦查(以孰高为准)
烟斗烟丝	千克	145%或者302克瓦查(以孰高为准)

续表一

应征消费税产品	计量单位	税率
烟丝和其他烟草产品	千克	145%或者302克瓦查（以孰高为准）
透明啤酒（Clear Beer）	升	60%
不透明啤酒（Opaque Beer）	升	0.15克瓦查
柴油	公斗	燃料附加税6.6克瓦查每公斗
汽油	公斗	消费税11.43克瓦查，燃油附加税8.27克瓦查每公斗
燃料油	公斗	消费税9.3克瓦查每公斗
碳氢化合物燃气	升	消费税0.48克瓦查每升
航空酒精	公斗	4.8克瓦查每公斗
航空燃料	公斗	4.8克瓦查每公斗
白色酒精	公斗	15%
煤油	公斗	4.8克瓦查每公斗
其他轻质油	公斗	15%
酒精和其他含酒精物质	升	125%
饮用烈酒	升	125%
葡萄酒	升	60%
酒精浓度低于80%的未变性酒精	升	60%
通话时间	语音为分钟，数据为兆字节，短信为字数	17.5%
化妆品	千克	20%
电力能源	100千瓦时	3%
塑料袋	千克	30%
水泥	吨	40克瓦查每吨
果汁、没有调味和没有添加甜味剂的水、调味和添加甜味剂的水	升	0.3克瓦查每升

5.5 资产转移税

表 5-6

类 别	税率
土地（包括建筑物、结构物或对附着物的改善）	5%
股份	5%
知识产权（包括商标、专利、版权或工业设计）	5%
采矿权/采矿权的利益	10%
矿产加工许可证以及与采矿权相关的其他许可证	10%

5.6 矿产资源税

5.6.1 铜矿开采业

表 5-7

正常价格区间	矿产资源税税率
低于 4500 美元	5.5%
达到或超过 4500 美元，但低于 6000 美元	6.5%
达到或超过 6000 美元，但低于 7500 美元	7.5%
达到或超过 7500 美元，但低于 9000 美元	8.5%
达到或超过 9000 美元	10%

5.6.2 其他矿产开采业

表 5-8

类 别	税率
贱金属（除铜、钴和钒之外）	正常价值的 5%
能源和工业矿产	总价值的 5%
宝石	总价值的 6%
贵金属	正常价值的 6%
钴和钒	正常价值的 8%

5.7 博彩业税收

表 5–9

博彩类型	每月的税率或税额
1. 赌场的现场赌博	总收入的 20%
2. 赌场的机器赌博	总收入的 35%
3. 买彩票赢得的钱	净收入的 35%
4. 博彩	总收入的 25%
5. 赌博 （a）老虎机（Slot Machines，或者 Bonanza） （b）游戏机（Gaming Machines）	（a）每台机器 250 克瓦查 （b）每台机器 500 克瓦查

5.8 其他税收

表 5–10

附加费类别	税率
保费附加税（Insurance Premium Levy）	3%
技能开发附加税（Skills Development Levy）	0.5%
旅游业附加税（Tourism Levy）	1.5%

5.9 纳税期限

《所得税法》（Income Tax Act）第 77 章规定了有关税收缴纳的下列截止期限。

- 自我评估税（Self Assessed Tax）

根据第 46 章，纳税人必须在每年 6 月 30 日之前递交一份《所得税申报表》（Income Tax return），并且缴纳相关税收的余额，如果有的话。

- 评估税（Assessed Tax）

第 5 章　税收管理须知

当税务稽查官（Inspector of Taxes）根据第 63 章和第 64 章的有关规定进行税务评估时，将出现评估税（Assessed Tax）。根据第 63 章和第 64 章（a）款和（b）款评估的税收，应从税务评估之日起 30 天内缴纳。根据第 64 章（c）款评估的税收，应立即缴纳。

- 暂缴税（Provisional Tax）

根据第 46 章（a）款规定的暂定所得（provisional income）申报额计算出来的暂缴税（Provisional Tax），应按照下列期限分四次等额缴纳：

第 1 次缴纳：在 3 月 31 日到期，应在 4 月 14 日或之前缴纳；
第 2 次缴纳：在 6 月 30 日到期，应在 7 月 14 日或之前缴纳；
第 3 次缴纳：在 9 月 30 日到期，应在 10 月 14 日或之前缴纳；
第 4 次缴纳：在 12 月 31 日到期，应在第二年 1 月 14 日或之前缴纳。

- 个人所得税（PAYE）

根据《所得税法》（Income Tax Act）第 71 章和《个人所得税条例》（PAYE regulations）的规定，所有雇主在向员工支付薪酬之前应该扣除相应的个人所得税。

雇主扣除的个人所得税必须在下月 14 日之前汇缴给赞比亚税务局，并且填报编号为 ITF/P16 的月度个人所得税申报表（Monthly PAYE Return）。

- 增值税（VAT）

——从 2017 年 1 月 1 日起，增值税（VAT）申报和缴纳的截止日期将从税收发生期间的下月 21 日提前到下月 18 日。

- 营业税（Turnover Tax）

纳税人应在营业额发生期间的下月 14 日之前申报和缴纳营业税（Turnover Tax）。

- 预扣税（Withholding Tax）

纳税人应在扣除发生期间的下月 14 日之前申报和缴纳预扣税（Withholding Tax）。

- 茬交税（Lump sum Payment）

纳税人应在交易结束之日起的 14 天内一次性缴纳相关税收。

- 所得税年度申报（Income Tax Annual Return）

纳税人应在税收发生期间的下年 6 月 30 日之前申报和缴纳所得税余额。

- 消费税申报（Excise Return）

纳税人应在税收发生期间的下月 20 日之前申报和缴纳消费税。

- 资产转移税（Property Transfer Tax）

纳税人应在交易结束之日起的 14 天内缴纳资产转移税。

- 矿产资源税（Mineral Royalty）

纳税人应在矿产出售后的下月 14 日之前缴纳矿产资源税。

- 消费税产品制造商许可证和保税仓库许可证延期申请（Excise Manufacturer and Bonded Warehouse License Renewal Application）

上述许可证应在每年 12 月 31 日之前申请延期。

第6章 劳动管理须知

赞比亚拥有充足的劳动力储备，但大部分属于非熟练劳动力，尤其是在农村地区，等待工作机会的当地年轻人比比皆是。虽然赞比亚的失业率比较高，但劳动管理法规相当完善。

6.1 劳动法规体系简介

劳动和社会保障部（Ministry of Labour and Social Security）所属的劳动管理局（Department of Labour）负责制定劳工政策，并执行与雇主/雇员关系有关的法规。目前赞比亚劳动法规体系主要包括下列9部法律：

• 2019年第3号法律《雇用法典法（Employment Code Act）》

《雇用法典法》从2019年5月10日开始实施，同时废止和取代了4部旧法律，分别为《雇用法》（Employment Act）、《雇用（特别条款）法》（Employment（Special Provisions）Act）、《少年儿童雇用法》（Employment of Young Persons and Children Act）、《最低工资和雇用条件法》（Minimum Wages and Conditions of Employment Act）。

《雇用法典法》是规范各种雇佣关系的基本法律，其适用对象既包括私营行业的雇员，也包括政府部门和公共行业的雇员，有关要点参见专门解读。

• 赞比亚法典第269章（Industrial and Labour Relations Act）

这是规范各种工会或协会运作行为的法律，其适用对象既包括由雇员组成的各种工会组织，也包括由雇主组成的各种协会。该法律的主要内容包括：

——产业关系的执行；

——工人或雇主组织的设立、注册和管理；

——集体谈判；

——根据该法律设立的劳资关系法院（Industrial Relations Court）通过调解和仲裁来解决劳资纠纷；

——劳动和社会保障部、代表雇员利益的赞比亚工会联合会（Zambia Congress of Trade Unions，简称 ZCTU）和代表雇主利益的赞比亚雇主联合会（Zambia Federation of Employers，简称 ZFE）建立的三方劳动协商委员会（Tripartite Labour Consultative Council）工作机制。

• 1996 年第 28 号法律《国家养老金管理法》（National Pensions Regulations Act）

根据该法律，雇主必须为每个员工提供某种养老金计划，这是强制性要求。

• 1996 年第 40 号法律《国家养老金计划管理局法》（National Pension Scheme Authority（NAPSA）Act）

根据该法律，雇主必须给所有员工缴纳养老金费用（NAPSA fee），既包括家里的女佣，也包括政府公务员，其中员工缴纳每月工资总额的 5%，雇主缴纳 5%，合起来是 10%。举例来说，某个员工某月的工资总额为 1000 克瓦查，那么雇主可以从中扣除 50 克瓦查，只向该员工发放 950 克瓦查的实得工资，然后添上 50 克瓦查，在每月 10 日之前申报并且缴纳 100 克瓦查给当地养老金管理局（NAPSA）的指定账户，逾期缴纳就必须支付巨额罚金。

当员工缴纳养老金费用满 15 年之后，或者达到退休年龄时，就可以去 NAPSA 领取养老金。关于退休年龄，过去是 55 岁，但是 2019 年国会修改了相关法律，现在改为 60 岁。

• 1997 年第 11 号法律《赞比亚人力资源管理协会法》（Zambia Institute of Human Resource Management Act）

根据该法律，赞比亚的人力资源管理工作必须持证上岗，即必须拿到

第6章 劳动管理须知

赞比亚人力资源管理协会（Zambia Institute of Human Resource Management，简称 ZIHRM）颁发的人力资源执业证书（Human Resource Practicing License）才能从事人力资源管理工作，包括劳动合同拟订、工资核算、纪律处分、外籍员工的工作证申请、延期和变更等业务。持证上岗的要求不仅适用于私营行业的人力资源管理部门，而且适用于政府劳动部门的所有官员。

有时，当地劳动局会应邀与赞比亚人力资源管理协会（ZIHRM）共同对中资企业的人力资源管理业务进行执法检查。如果获悉某个中国员工拿着其他职位的工作证，却在从事人力资源管理的工作，一旦报告给当地移民局，其工作证有可能被吊销。

● 1999 年第 10 号法律《工人补偿法》（Workers' Compensation Act）

根据该法律，雇主必须给所有员工缴纳工伤保险费用，这是法定要求，没有任何例外。当雇主缴纳规定的工伤保险费用之后，一旦出现工伤事故，需要及时报告给当地的工人补偿基金管理委员会（Workers' Compensation Fund Control Board，简称 WCFCB），以便启动理赔程序。在受伤工人养病期间，工人补偿基金管理委员会（WCFCB）将承担所有医疗费用和抚恤金，雇主只需支付该受伤工人的工资。

● 赞比亚法典第 441 章《工厂法》（Factories Act）

根据该法律，任何工厂都必须通过相关部门的检查合格后才能开始运营。一般来说，检查专员（Inspector）将与劳动局官员共同对于有关设施的配备情况、生产工人的劳保用品（Personal Protective Equipment，简称 PPE）使用情况进行检查。

● 2010 年第 XX 号法律《职业健康和安全法》（Occupational Health and Safety Act）

根据该法律，每个公司都必须建立专门机构（例如职业健康和安全委员会）或者指定专人（可以兼职）来负责职业健康和安全事务。

为了确保雇主提供足够措施来确保员工的职业健康和安全，有关官员在检查工厂时将会侧重检查餐厅、厕所和洗澡间是否符合规定的卫生条件。对于矿业公司，所有员工都必须获得卫生部所属的职业病鉴定机构颁

— 81 —

发的职业健康证书才能上岗，并且每年还要复检一次。

- 赞比亚宪法（The Constitution）

宪法是国家的根本大法，所有法律都不能违反宪法的有关条款。2016年修改的新宪法对于相关劳工问题提出了新规定。

6.2 新劳动法解读

6.2.1 法律名称和生效日期

赞比亚新劳动法的法定名称为 2019 年第 3 号法律《雇用法典法》，从 2019 年 5 月 10 日开始实施。

与此同时，赞比亚的《雇用法》（Employment Act）、《雇用（特别条款）法》、《少年儿童雇用法》、《最低工资和雇用条件法》将废止并由《雇用法典法》取代。

6.2.2 适用范围

赞比亚新劳动法不适用于下列人员：

(a) 隶属于国防力量的人员，但其文职雇员除外；
(b) 赞比亚警察总局所属的人员；
(c) 赞比亚劳改局所属的人员；
(d) 赞比亚安全情报局所属的人员。

除了上述人员，新劳动法适用于在政府机构、公营和私营企业工作的所有人员。

6.2.3 名词解释

1. "授权官员（Authorised Officer）"指劳动专员（Labour Commissioner）或劳动官员（Labor Officer）。

点评：赞比亚劳动和社会保障部只有为数不多的劳动专员，因此我们平常接触得最多的政府官员是劳动官员。

第6章 劳动管理须知

2. "基本工资（Basic Pay）"指不超过一个月的期间所支付的标准报酬，不包括任何额外的报酬，例如补贴和奖金。

点评：赞比亚定期或不定期地调整的最低工资标准指的就是"基本工资"。

3. "临时雇员（Casual Employee）"指受雇从事临时工作的员工，在受雇期限内按照小时工资来支付报酬，包括额外酬金，在每天结束时支付报酬，每次受雇期限不超过 24 小时。

点评：（1）新劳动法的大多数规定只适用于正式雇员（Employee），而不适用于临时雇员（Casual Employee）；（2）雇主给临时雇员支付的小时工资只要不低于劳动部发布的最低工资标准，就属于合法行为；（3）新劳动法对于临时雇员与替班雇员（Temporary Employee）进行了区分。

4. "额外酬金（Casual Loading）"指按照小时工资的 25% 支付的额外的每小时报酬。

点评：雇主对于临时雇员需要支付比正式雇员高出 25% 的额外酬金。

5. "临时工作（Casual Work）"指符合下列性质的工作：（a）本质上不是永久性的工作；或者（b）能够在不到 6 个月之内完成的工作。

点评：新劳动法继续禁止把长期工作临时化（Casualisation），而区别临时工作和长期工作的分界线就是该项工作能不能在 6 个月之内完成。

6. "雇用合同（Contract of Employment）"指根据雇主和雇员之间的雇佣关系而建立的合同，不管是明示隐含的，如果是明示的，不管是口头书面的。

点评：新劳动法拓宽了雇用合同的含义。根据上述定义，口头合同属于明示合同之一，甚至隐含的合同也可以称为雇用合同。因此，不良雇主再也不能以没有签订雇用合同为借口来逃避其应尽的义务。

7. "雇员（Employee）"指为了获取工资或佣金而签订雇用合同的人员，包括临时雇员，以及根据《学徒法》（Apprenticeship Act）签订学徒合同的人员，但是不包括独立承包商或者受雇从事计件工作的人员。

点评：（1）新劳动法把受雇从事计件工作的人员排除在"雇员"之外，如果某些工作任务可以计件，例如搬运物资，最好跟有关人员签订承包合同，以便贯彻"多劳多得"的原则；（2）新劳动法把签订学徒合同的人员也包括为"雇员"，有可能要为学徒制定专门的最低工资标准；（3）临时雇员是每天结算工资的，在劳动部颁布的最低小时工资之外有权获得额外酬金。

8. "雇主（Employer）"指为了获取服务而签订雇用合同的人员，包括中间人、代理人、获得授权来管理受雇人员的工长或者经理。

点评：新劳动法拓宽了对于"雇主"的定义，不仅包括公司董事，而且把直接管理当地工人的工长或者经理都纳入其中。然后，在享受"美名"的同时，工长或者经理也要承担违反劳动法规的责任，可能是罚款，也可能是坐牢。

9. "雇佣关系（Employment Relationship）"指雇主和雇员之间根据指令或者在雇主的控制之下从事有关工作的关系，其中雇员可能包括执行某项任务的团体的雇员联合体，他们完全或者主要是为了雇主的利益而从事该项工作，并且这些工作是由雇员单独完成的；工作是指在特定工作时间执行的任务，或者由雇主规定的具有特定期限或者一定程度永久性的任务，这些工作必须由雇主提供工具、材料和设备来完成，而且是有报酬的，并且这些报酬构成了雇员的全部或者主要收入来源。

点评：在"雇佣关系"中，雇主可以与每个雇员单独签订雇用合同，也可以与代表雇员团体利益的工会签订集体协议。

10. "灵活化（Flexibalisation）"指在人力资源管理的不同方面具有特点的雇用实践，例如：

（a）工资灵活化，主要体现为工资与业绩挂钩，并且可以讨价还价；

（b）合同灵活化，包括非永久性的服务合同，分包（Sub-contracting）和外包（Outsourcing）；

（c）任务灵活化，允许雇员从事不同的活动；

（d）工作时间灵活化，主要指兼职工作，岗位分享和机动的工作时间。

点评：新劳动法允许各种"灵活化（Flexibalisation）"的做法，雇员可以从事兼职工作，雇主也可以分包或外包。

第 6 章　劳动管理须知

11. "全额工资（Full Pay）"指不超过一个月的期限内的基本工资（Basic Pay）、补贴（Allowances）和任何实物补贴的现金等价物，但不包括任何奖金。

点评：目前一般当地员工的"全额工资"主要包括基本工资、住房补贴、交通补贴和午餐补贴。如果向当地员工提供一些粮油食品或者免费住宿，最好还是算作奖金。如果把这些实物补贴折算成现金，那么以全额工资为基础的某些补偿额就会很高。

12. "全职（Full–time）"指根据雇用合同从事的必须用每周最多的工作时间来完成的工作，但每周不得超过 48 小时，具体时间由雇主来确定。

点评：新劳动法允许雇主为"全职"雇员确定正常工作时间为每周工作 6 天，每天 8 小时。如果超过 48 小时，就要依法支付加班工资。

13. "退职金（Gratuity）"指长期的雇用合同到期时，雇主支付给雇员，并且与雇员服务年限挂钩的报酬，这种报酬基于雇员在服务期限内累计获得的基本工资。

点评：（1）"退职金"只适用于签订长期雇用合同的全职员工。多长时间才能算"长期"？12 个月加 1 天就算"长期"，而 12 个月少 1 天就算"短期"。（2）"退职金"的计算标准是基本工资，而不是全额工资。

14. "直系亲属（Immediate Family）"指员工的配偶、父母、监护人、子女、孙子、孙女、外孙子、外孙女、祖父、祖母、外祖父、外祖母或者受抚养人。

点评：新劳动法规定的同情假、家庭责任假等假期与"直系亲属"有关系。赞比亚雇员一般都有一个大家庭，"直系亲属"所涵盖的范围很庞大，因此同情假、家庭责任假等假期都会用完的。

15. "小时工资（Hourly Rate）"指雇主对于正常雇用所规定的每小时报酬，但这种报酬不得低于关于最低工资的第 75 条所规定的有关标准。

点评："临时雇员（Casual Employee）"是每天结算工资，大多数情况下要以"小时工资"为结算依据。根据现行有效的最低工资法规，普通工人的"小时工资"为 5.48 克瓦查，如果把各种补贴都包括进去，则高达

8.86 克瓦查。

16. "长期合同（Long-term Contract）"指超过 12 个月并且能够延期的服务合同，或者在某个特定期限从事特定任务或项目，并由双方预先确定固定的结束时间。

点评：（1）区分"长期合同"还是"短期合同"的界限是 12 个月，多 1 天就是"长期"，整整 12 个月或者更少就是"短期"。（2）对于从事公路建设的公司而言，与当地员工签订雇用合同，可以约定把某条公路建设完工，则雇用合同自动到期，可不提供延期的机会。

17. "夜间（Night）"指从晚上 18:00 至早上 6:00。

点评：这是关于"夜间"的法律定义。

18. "兼职（Part-time）"指与雇主为全职工作人员规定的每周工作时间相比，工作时间更短的雇用合同的工作。

点评：根据该定义，雇员可以从事若干份"兼职"工作，从而与好几个雇主打交道。例如，从事多份"兼职"工作的女性雇员享受产假，相关雇主就要分摊产假费用。

19. "永久合同（Permanent Contract）"指在雇员达到成文法律所规定的退休年龄时到期的雇用合同，除非根据本法律提前终止。

点评：（1）如果雇主与雇员之间签订了"永久合同"，那么该合同将一直持续到雇员达到退休年龄。（2）"永久合同"可以提前终止，但必须具有法定的原因，例如雇主实施裁员措施，或者雇员出现无法康复的重大疾病。

20. "计件工作（Piece Work）"指根据所完成的工作量而支付报酬的任何工作，而与这项工作占用的时间无关。

点评：从事"计件工作"的工人不属于某公司的"雇员"，实际上类似于总包方与分包方的关系。

21. "季节性雇用（Seasonal Employment）"指执行时间和期限受到季节性因素影响的雇用合同，这些因素包括气候、农业或者商业周期。

点评："季节性雇用"大多适用于农业，至于适不适用于其他行业，必须经过劳动部门的确认。

第6章　劳动管理须知

22. "离职金（Severance Pay）"指根据本法律第 54 条而终止雇用合同时，由雇主支付给雇员的工资和福利金。

点评：根据新劳动法，"离职金"要比"退职金（Gratuity）"具有更宽泛的含义。

23. "短期（Short-term）"指不超过 12 个月的期间。

点评：整整 12 个月也属于"短期"。

24. "替班雇用（Temporary Employment）"指在正式雇员缺席的情况下，按照有关雇用合同受雇从事应急工作。

点评："替班雇用"与"临时雇用"存在较大的区别。临时雇用是每天结算工资的，而替班雇用是由临时人员来替代正式雇员工作一段时间。

25. "工资（Wage）"指由雇用合同规定的、能够用金钱表示的、可以指定或者计算的、由雇主支付给雇员的、因已经或即将完成的工作或者已经或即将提供的服务的报酬、酬金或收入。

点评：这是"工资"的法律含义。

26. "临时化（Casualisation）"指这样的雇用实践，即雇主在缺乏可以允许的理由下，以临时或者固定期限合同来雇用或再次雇用雇员从事具有永久性质的工作，从而导致（a）该员工在缺乏正当理由的情况下，获得与该雇主的全职或其他类别的雇员的不同待遇；（b）雇主避免履行本法律规定的任何义务，或者雇员被剥夺了本法律规定的任何权利。

点评：要界定某种做法属不属于"临时化"，首先就必须确定某项工作是不是永久性的。例如，A 公司是以运输业务为主业的，那么对司机就不能每 3 个月签订一次雇用合同；B 公司是一个机械加工厂，在业务繁忙期间通过签订短期合同来雇用一个搬运工不应属于"临时化"。

27. "永久性质（Permanent in Nature）"指（a）工作任务不是短期的，具有固定或系统性的工作时间，具有持续性的期待；或者（b）继续或可持续地从事某项任务所必要的职位，或者对于完成该任务的目标具有核心意义的职位。

点评：参照上一个点评。

6.2.4 禁止（雇用合同）临时化和雇用被强迫的劳工

1. 任何人不得从事或强迫其他人从事强迫劳动；

2. 违反上述第1条的行为构成了违法行为，一旦被定罪，必须缴纳不超过20万个罚金单位（相当于6万克瓦查——译者注）的罚金，或者入狱服刑不超过两年的期限，或者同时处罚。

点评：禁止强迫劳动已经成为国际公约的重要内容之一，无须赘述。

6.2.5 合同类型（新劳动法第19条）

1. 雇用合同可以采取下列形式之一：

- 永久合同（Permanent Contract）；
- 长期合同（Contract for A Long-term）；
- 特定任务合同（Contract for Specific Task）；
- 不超过3个月的试用期合同（Contract for a Probationary Period Not Exceeding 3 months）；
- 根据本法律第52条或第53条的规定，永久合同可由任何一方进行终止。

点评：(1) 根据有效期限的长短，雇用合同可以分别采取永久合同、长期合同、特定任务合同、试用期合同；(2) 永久合同也是可以提前终止的。

2. 具有规定期限的合同将在规定的到期日自动终止，无须为合同到期而提供通知，但在规定期限之前终止该合同必须遵守本法律的有关规定。

点评：这免除了雇主的通知义务。

3. 从事特定任务的合同应在该任务完成之日终止，任何一方无须（向对方）提供合同终止的通知。

点评：这免除了雇主的通知义务。

4. 雇用合同可以根据本法律的要求规定试用期。

点评：在一份雇用合同里，可以把试用期的内容嵌入其中，而不必由当事双方单独签署试用期合同。按照有关法律规定，雇员在试用期内和正式受雇期间的工资福利水平必须是一致的，区别在于解雇条件不同，例如正式雇员需要提前一个月通知，而试用期雇员只要提前 24 小时通知。

5. 从事特定任务的合同应在该任务完成之日终止，任何一方无须（向对方）提供合同终止的通知。

点评：这免除了雇主的通知义务。

6.2.6 口头合同（新劳动法第 20 条）

1. 关于口头合同期限的推断

在没有相反的协议存在的条件下，口头雇用合同的期限应为工资计算所参考的期限，但当工资计算所参考的期限少于一天时，则在没有相反的协议存在的条件下，口头合同期限应为当日有效的合同。

点评：根据新劳动法，口头雇用合同是获得法律承认的，其有效期限最短为 1 天，最长为 6 个月少 1 天，因为一旦达到或者超过 6 个月就必须采取书面的雇用合同形式。然而，"空口无凭，立字为据"，作为在异国他乡从事经营活动的华侨华人，为了避免出现劳资纠纷，我们最好与当地员工签订书面合同，哪怕是一页纸的简化合同也可以免去无谓的口舌之争。

2. 关于新雇用合同的推断（新劳动法第 21 条）

有效期限不超过一个月的口头雇用合同到期后，如果有关人员继续工作，则应推断为已经签订有效期为一个月的新的口头合同，而且具有与已经到期的合同相同的期限和条件。但这一规定不适用于：

- 明示为无须通知即终止的合同；
- 明确表示为不可延期的长期合同；
- 按日结算工资的当日有效的合同。

点评：以某物流公司聘用一批搬运工为例，如果双方口头约定每个月的月底发一次工资，那么在下个月的月初，当这批搬运工来到该物流公司时，有关主管不得以任何理由来拒绝他们干活；如果双方口头约定每天结算和发放工资，那么第二天这批搬运工继续来到工作场所时，有关主管可以换一批工人来从事搬运工作。

6.2.7 必须采取书面形式的合同（新劳动法第22条）

1. 当雇主雇用雇员的时间达到或者超过6个月，或者在某个年度里受雇工作时间达到6个月或更多的天数，该雇用合同必须采取书面形式。

点评：只要某个年度受雇时间达到或者超过6个月，不管是连续工作还是非连续工作，雇用合同都必须采取书面形式。

2. 在雇用雇员时，雇主应把雇用合同的条款对雇员进行阐述和解释，雇员必须自愿签订该合同，并且充分理解该合同的条款。

点评：在雇用合同中，雇主作为相对强势的一方，要向相对弱势的雇员解释合同内容，从而确保当事双方都是自愿签订雇用合同。

3. 同意签订雇用合同的雇员，在雇主之外的其他人在场的情况下，要么通过在该合同上签字，要么通过在该合同上按下一个大拇指或其他手指的指纹来表达同意。

点评：合同生效的方式有两种，要么签字，要么按指纹，但都必须有见证人在场。

4. 当雇员为文盲，或者无法理解有关合同书中的语言时，则雇主应根据本法律的规定对该合同进行鉴证，并且使用雇员能够理解的语言对雇员进行解释。

点评：如果遇到雇员为文盲的情形，雇主就必须带着雇员一起去工作所在地的劳动局，让劳动官员把合同主要内容翻译成当地语言，对雇员进行解释，然后在雇用合同上进行鉴证。

5. 作为上述第1条的雇用合同的当事方，雇主应在雇用该雇员的30天内书面通知劳动专员（Labour Commissioner）。

点评：当事双方签订雇用合同之后，雇主必须复印该合同，附上一封介绍信，送到所在地区的劳动局，然后委托劳动官员转交给劳动专员。

6. 违反上述条款的任何人必须接受行政处罚（Administrative Penalty）。

点评：如果雇用6个月以上的雇员，却没有签订书面合同，或者虽然签订了书面合同，但是没有书面通知劳动专员，都要受到行政处罚。

6.2.8 书面合同的内容（新劳动法第 23 条）

1. 雇主应准备一份书面的雇用合同来规定该合同当事双方的权利和义务，并且包括本法律第 2 个附表所规定的合同最基本内容。

点评：雇主和雇员签订的书面的雇用合同必须包括最基本内容，并且符合有关法律规定，例如双方商定的基本工资不得低于有关法律规定的最低标准，否则劳动官员可以拒绝进行鉴证。建议各个中资企业去所在地区的劳动局索要一个参考范本，然后根据具体情况填写有关内容，以便使当地劳动官员顺利鉴证。

2. 当书面的雇用合同的条款出现变化，在雇员同意的条件下，雇主应修改有关合同来反应变化情况，然后把修改后的雇用合同交给雇员。

点评：上述变化情形很多，例如在合同执行期间，劳动部长签署法令调整了最低工资标准，或者雇主变更了雇员的工作地点或者工作岗位。

3. 在终止书面的雇用合同时，雇主应当在该合同终止后的五年内保管该合同。

点评：这是新劳动法对雇主赋予的义务之一。

6.2.9 书面雇用合同（新劳动法第 23 条）

1. 书面雇用合同应当包括下列最基本内容：
- 雇主的详细信息

（a）雇主的名称；

（b）雇主从事的任务名称；

（c）雇主的官方地址；

（d）雇主从事的业务性质。

- 雇员的详细信息

（a）雇员的姓名；

（b）雇员的年龄；

（c）雇员的性别；

（d）雇员的永久地址；

(e) 雇员的国籍；

(f) 雇员的身份证号码和社会保障号码；

(g) 雇员的受雇地点；

(h) 确认雇员所需要的任何其他详细信息。

• 合同的条款

(a) 雇用合同的生效日期、形式和期限；

(b) 雇员的服务期限开始日期，要考虑到该雇员在前雇主受雇的期限；

(c) 根据该合同从事的工作地点或者地理范围；

(d) 正常的工作时间和天数；

(e) 应支付的工资，工资的规模和标准，工资的计算方法，任何其他福利的详细信息；

(f) 任何现金工资、实物工资和其他福利的详细信息；

(g) 雇员工资的支付间隔，根据具体情况决定每月或者更短的时间支付一次工资；

(h) 如何适用的话，要提供的任何食物的详细信息；

(i) 雇员工资需要扣除的项目；

(j) 雇用和任务的性质，以及在适用和可行的条件下涉及的普通操作，澄清雇员受雇工作的性质所需要的此类额外详细信息；

(k) 任何规定的其他详细信息。

• 合同的执行

雇用合同的当事双方应当通过下列方式来执行该合同：

(a) 盖章；或者

(b) 按下大拇指或其他手指的指纹。

点评：(1) 值得注意的是，一份完整有效的雇用合同必须填写雇员的社会保障号码。如果该雇员是第一次参加工作，那么现任雇主必须协助其在当地的社会保障管理局（NAPSA）进行注册，获得社会保障号码；如果该雇员曾经在其他企业工作过，那么现任雇主必须要求该雇员提供社会保障号码，否则不应签署雇用合同。如果签署了有关合同，却没有获得雇员的社会保障号码，那么现任雇主就无法为该雇员缴纳社会保障费用。一旦

第6章 劳动管理须知

被社会保障管理局（NAPSA）查到漏缴社会保障费用的事实，那么现任雇主必须补缴有关费用、缴纳罚金和利息，否则将被起诉到法院。

（2）雇员工资需要扣除的项目必须体现为雇用合同的一项内容，这些项目包括由雇主代扣代缴的工资所得税（PAYE）、社会保障费用（NAP-SA）、预支工资等。

2. 当书面的雇用合同的条款出现变化，在雇员同意的条件下，雇主应修改有关合同来反应变化情况，然后把修改后的雇用合同交给雇员。

点评：上述变化情形很多，例如在合同执行期间，劳动部长签署法令调整了最低工资标准，或者雇主变更了雇员的工作地点或者工作岗位。

3. 在终止书面的雇用合同时，雇主应当在该合同终止后的五年内保管该合同。

点评：这是新劳动法赋予雇主的义务之一。

6.2.10 雇用合同对于雇员家庭不构成约束力（新劳动法第24条）

雇用合同不应对雇员的家庭构成约束力，除非该合同对于某个家庭成员进行了单独的规定。

点评：雇用合同涉及雇员家庭成员的内容主要是涉及死亡抚恤金、带薪假期的条款。

6.2.11 合同的鉴证（Attestation）（新劳动法第25条）

1. 在根据第22（5）条签订书面的雇用合同之后的30天内，雇主应向授权官员提交三份合同用于鉴证。

点评：根据新劳动法，当雇员是文盲或者无法理解书面合同所使用的语言时，雇用合同只有经过授权官员的鉴证之后才能具有法定的约束力。一旦当事双方因为劳资纠纷而对簿公堂，经过鉴证的雇用合同将成为法官断案的重要依据。

2. 违反上述第1条的雇主构成了违法行为，一旦被定罪，必须缴纳违法行为持续期间的每天100个罚金单位（相当于30克瓦查——译者注）

的罚金。

点评：如果一份雇用合同延迟鉴证一个月，将缴纳900克瓦查的罚金，想想都心疼。

6.2.12 试用期（新劳动法第27条）

1. 雇员可以在试用期受雇，但不得超过3个月，试用的目的在于确定雇员是否适合于担任相关职位。

点评：试用期是雇主和雇员相互了解的过程。

2. 在试用期内，雇主应对雇员进行考核，考核结果应在试用期结束之前通报给雇员。

点评：不管考核结果如何，都要在试用期结束之前通知到雇员。

3. 在试用期内，如果雇主在考核之后认定雇员不适于担任有关职位，则雇主应终止雇用合同，并且至少提前24小时把终止合同的通知交给雇员。

点评：最好采取一式两份的书面通知的形式，以便存档备查。

4. 在试用期结束后，对于雇员的表现感到满意的雇主应当书面通知该雇员关于确认继续雇用该雇员的决定。

点评：这种书面通知必须在试用期结束后立即交给雇员。

5. 当雇主没有书面通知雇员关于确认（继续雇用该雇员）的决定时，则该雇员应被确认为自试用期结束之日开始担任有关职位。

点评：有些雇主在试用期结束时没有把考核结果及时通知到雇员，那么新劳动法将直接推断为雇主对于雇员的表现感到满意。

6. 上述第1条的试用期可以延长，但不得超过3个月。

点评：值得注意的是，试用期的延长不是无条件的，而是必须由雇主书面通知到雇员。

7. 处于试用期内的雇员应当与试用期成功结束后的雇员享受相同的权利和义务，除非雇用合同或者集体协议进行了相反的规定。

点评：如果雇用合同或者集体协议对于试用期和转正期的权利和义务没有进行不一致的规定，那么新劳动法直接推断为雇员在这两个期间享受相同的权利和义务，例如获得相同的工资。为了避免这种现象，以及调动当地员工的积极性，可以在雇用合同里规定试用期工资略低于转正期工资。

8. 在提前至少 24 小时向雇主提交关于终止（雇用合同）的通知之后，处于试用期内的雇员可以终止雇用合同。

点评：雇主和雇员都要受到试用期的约束，一方向另一方至少提前 24 小时提交关于终止雇用合同的通知，这份合同就终止了。

9. 在与雇主终止雇用合同之后两年内，如果同一个雇主雇用该雇员担任相同职位，且当初雇用合同的终止原因与雇员的表现无关，则该雇员不应经历试用期。

点评：这一条主要是防范不良雇主反复利用试用期的规定来侵害雇员的正当权利。

6.2.13　雇用合同的转移（新劳动法第 28 条）

1. 如果没有满足下列条件，雇主不得把雇用合同规定的权利转移给另一个雇主：

（a）雇员的书面同意；

（b）把合同的转移事宜通知雇员的代表；

（c）授权官员批准合同转移的详细信息。

点评：当某个公司股权或者某个项目所有权出现变更，就会涉及雇用合同的转移情形。

2. 违反上述第 1 条的合同权利的转移是无效的。

点评：要同时满足雇员代表收到通知、每个雇员书面同意、劳动局官员批准转移这三个条件，有关雇用合同的转移才是有效的。

3. 授权官员在批准雇用合同转移的任何详细信息之前，必须确保：

（a）雇员充分理解交易的性质，并且自主同意合同的转移，而没有受到胁迫、遭受不正当的影响或者受到误导或出现误会。

点评：是否同意转移雇用合同，必须由雇员进行自主选择。

（b）雇员的代表收到了关于雇主有意转移雇员的通知。

点评：对于小企业，如果没有足够数量的雇员加入某个工会，那么雇主就必须把有意转移雇用合同的通知发放到每个雇员的手中。

（c）当需要从事的工作性质出现任何变化，或者因工作场所出现任何变化而要求员工必须进行体检时，该雇员已经根据本法律第 17 条的规定进行过体检。

点评：举例说明，根据有关法律，在矿区工作的任何员工都必须体检合格后才能上岗，因此如果当旧雇主把雇用合同转移给新雇主，而新雇主要雇员进入矿区工作，就必须首先通过体检，只有体检合格者才能留用。

（d）在转移雇员之前，雇主和雇员已经签订协议，将在某项任务中继续履行对雇员的债务，或者支付雇员应得的尚未偿付的债务。

点评：在转移雇用合同之前，现任雇主要与雇员签订协议，要么承诺继续履行对雇员的相关义务，要么把尚未偿付的债务全部付清。

6.2.14 拒绝同意转让给其他雇主

当雇员拒绝按照本法律第 28 条的规定转移给另一个雇主，则该雇员的雇用合同应当予以终止，该雇员有权获得离职金。

点评：对于转移雇用合同的事宜，雇员有权说"不"，而说"不"的雇员有权终止合同和获得离职金。

6.2.15 最低雇用福利金（新劳动法第 33 条）

当雇员被雇主，或者代表雇主行事的职业中介人从赞比亚某个地点带到工作场所，则在下列情形下，雇主应当向雇员支付把其遣返到当初受雇场所的规定费用：

（a）雇用合同规定的服务期限到期时；

（b）因雇主无力、拒绝或疏于遵守该合同的全部或任何条款而导致雇用合同的终止；

（c）当事方根据协议终止雇用合同时，除非该合同进行了相反的规定；

（d）因患上疾病或者遭遇非因雇员自身过错而发生的事故，使雇员无力履行雇用合同规定的正常业务，从而导致雇用合同的终止。

第6章　劳动管理须知

点评：（1）只要雇员的当初受雇地点和目前工作场所不一致，那么当雇用合同因为上述原因而终止时，雇主就有义务把雇员遣返到当初受雇地点，要么派出合适的交通工具护送雇员返回，要么支付足够的遣返费用给雇员。（2）当雇员主动提出辞职时，雇主要不要把该雇员遣返到当初受雇地点，这取决于雇用合同有没有相关约定。如果该合同明确写明雇主不承担主动辞职的雇员的遣返费用，那么雇主就可以省下一笔费用，否则雇主就要依法遣返该员工到当初受雇地点。

6.2.16　雇主提供用于遣返的交通工具（新劳动法第34条）

1. 根据第33条的规定，为了把雇员遣返到指定地点，雇主必须提供交通工具，或者支付交通费用。

点评：在遣返雇员的问题上，雇主有两个选择，要么提供交通工具，要么支付交通费用。

2. 当雇主向雇员提供交通工具时，雇主必须采取所有必要的措施来确保雇主提供的车辆或者船只适用于规定的用途。

点评：举例说明，如果雇员的行李或者家属较多，一辆轿车装不下所有行李或者坐不下全部家属，那么雇主就必须另行提供合适的交通工具。

3. 在长途旅行的途中，雇主必须采取必要的安排来保证雇员及其家庭在旅途中的健康、安全和福利。

点评：举例说明，如果当初的受雇地点比较遥远，那么雇主要么在交通工具上备足食物和饮用水，要么把这些物资折算成金钱，交给雇员自行采购。

4. 未能遵守上述条款，或者授权官员的合法命令或指示的雇主必须接受行政处罚（Administrative Penalty）。

点评：如果雇主在遣返雇员到当初受雇地点的问题上做得不好，则必须接受行政处罚。

6.2.17　公共假日（新劳动法第35条）

1. 劳动部长可以通过颁布法令（Statutory Instrument）的形式指定根据

《公共假日法》（Public Holidays Act）所规定的公共假日为带薪的公共假日，如果在该公共假日的前一天或者后一天，雇员没有在未经雇主许可或者缺乏正当理由的条件下缺勤，则该雇员应有权享受全额工资的公共假日。

点评：如果雇员在带薪公共假日的前一天或者后一天正常上班，那么该雇员就有权享受全额工资的公共假日。也就是说，在计算出勤天数时，要把带薪公共假日计算在内。

2. 尽管存在上述第 1 条的规定，如果雇员或者某个类别的员工，根据任何协议或者惯例，在被宣布为带薪的公共假日的某一天正常上班，有权获得由集体协议、雇用合同或者预先商定的标准的工资。

点评：在带薪公共假日，雇主可以根据任何协议或者惯例，要求某个类别的雇员正常上班，然后依法支付加班工资。例如为了避免出现矿井被淹的事故，矿区的水泵工在公共假日必须正常上班，但雇主必须支付双倍工资。

6.2.18 年假（Annual Leave）（新劳动法第 36 条）

1. 为同一个雇主连续工作 12 个月的雇员，不包括替班（Temporary）或临时（Casual）雇员，应在该雇员继续受雇的下一个 12 个月期间，获准得到享受全额工资的年假（Annual Leave），其额度为每个月至少 2 天。

点评：新劳动法提高了雇员享受年假的"门槛"，即从连续工作 6 个月增加到 12 个月。这意味着如果雇员为雇主连续工作的时间没有达到 12 个月，那么雇主没有义务向其支付年假。

2. 上述第 1 条提到的假期是在任何法律、协议或惯例规定的任何公共假日或每周休息日之外的假期。

点评：如果雇员选择休年假，在遇到公共假日和正常的每周一天的休息日时，不得扣减其年假的天数。举例说明，雇员干满一年，有权享受 24 天的年假，经过雇主的同意，从下一年的 3 月 1 日开始休年假，而 3 月共有 5 个星期日和 1 个公共假日，那么该员工实际休假天数为 30 天，其计算公式为 24 天 +5 天（星期日）+1 天（公共假日）=30 天。

第 6 章　劳动管理须知

3. 每年年初，在咨询雇员的意见之后，雇主应制订年假计划，规定本机构的雇员享受该条款规定的假期的具体日期。

点评：在休年假的问题上，雇员根据自身的出勤状况可以决定休多少天，而雇主在咨询雇员的意见和考虑生产经营的需要之后，可以决定允许雇员从什么时间开始休假。

4. 如果雇主不批准雇员享受年假，或者雇主批准雇员享受的年假天数少于按照本条款累计的天数，则在雇员连续工作的 12 个月结束时，雇主应向雇员支付有关假期的工资。

点评：(1) 在雇员休年假的问题上，雇主只有两个选择，要么允许雇员休假，调整人员配备；要么不允许休假，向雇员支付规定标准的补偿金额。(2) 值得注意的是，年假的补偿金额的计算标准是雇员的全额工资。

5. 尽管存在第 1 条，雇主在获得雇员同意的条件下可以向雇员支付工资来代替雇员按本条款累计获得的任何年假，如果雇员的雇用合同被终止或者到期，对于该雇员累计获得的任何假期，雇主应向该雇员支付累计假期的工资。

点评：年假是雇员的合法权益之一，雇主不能擅自剥夺，除非支付规定的补偿金额。

6.2.19　年假福利金（新劳动法第 37 条）

雇员应按照本法律第 5 个附表规定的计算公式获得年假福利金，除非当事方达成了对于雇员更加有利的协议。

年假福利金 =（每月的全额工资）× 累计年假天数 ÷ 26 天

点评：年假的补偿金额是以雇员的每月全额工资为基础进行计算的。

6.2.20　病假（Sick Leave）和因病辞退（新劳动法第 38 条）

1. 当因患上疾病或者遭遇非因雇员的过错而发生的伤害而无法履行正常职责时，雇员应通知雇主关于患病或受伤的情况，在提交执业医生出具的医学诊断书之后享受病假。

点评：(1) 出具医学诊断书是雇员享受病假的前提条件，如果雇员无法提供执业医生出具的医学诊断书，雇主有权拒绝其享受病假的申请；（2）有些当地雇员拿着小诊所出具的医学诊断书来请病假，雇主可以拒绝其请求，因为该诊断书不是执业医生出具的，这样做有利于防范某些不良雇员"泡病假"。

2. 当雇员因患上疾病或者遭遇非因雇员的过错而发生的伤害而无法上班时，该雇员有权根据第 1 条的规定享受病假：

（a）签订短期合同的雇员应在享受病假的前 26 个工作日获得全额工资，此后的 26 个工作日获得半额工资；

（b）签订长期合同的雇员应在享受病假的前 3 个月获得全额工资，此后的 3 个月获得半额工资。

点评：（1）在病假问题上，雇主与雇员之间签订的是长期合同还是短期合同，区别比较显著；（2）鉴于长期与短期的分界线为 12 个月，建议雇主尽量与雇员签署整整 12 个月的短期合同，从而减少病假损失。

3. 尽管存在第 2 条，但该条款不适用于雇员因遭遇与职业相关的事故，或者患上《工人补偿法》（Workers Compensation Act）规定的疾病而无法上班的情形。

点评：如果雇员遭遇工伤或者患上职业病，那么雇员应享受的病假天数将由相关的成文法律来规定。

4. 尽管存在第 2 条，根据该条款支付给雇员的工资应当从该雇员在无法上班期间根据《工人补偿法》获得的任何补偿金额中扣除。

点评：如果雇主代表雇员参加了强制性的工伤保险计划，并且每年足额缴费，那么当雇员遭遇工伤或者患上职业病时，该雇员将有权根据《工人补偿法》获得一定的补偿金额，而雇主已经支付给雇员的工资可以从有关补偿金额中扣除。

5. 从雇员患上疾病或遭遇伤害之日起的 6 个月后，如果雇员无法从疾病或伤害中康复，根据执业医生的建议，雇主可以因病辞退该雇员，从而终止该雇员享受的病假福利。

点评：一旦雇员患上疾病或者遭受伤害，那么雇主有可能要向雇员白白支付 6 个月的工资，因此要格外注意雇员的安全和健康。

6. 根据第4条的规定而被终止雇用的雇员，除了获得累计的任何其他福利金，有权享受每个服务年限不少于3个月基本工资的一次性补偿金。

点评：如果加上雇员治病或者疗伤期间的6个月全额工资，那么雇员可以获得9个月的工资。这对于雇主来说是沉重的代价。

7. 取决于任何其他成文法律的规定，在本条款的任何规定仍然适用的条件下，雇主不应终止雇员的合同，除非雇主和雇员同意这么做。

点评：如果雇员从患病或者受伤之日起未满6个月，那么雇主无权与其终止合同，但当事双方同意这么做就另当别论了。

8. 尽管存在第6条，当事双方达成的关于雇用合同的协议不应比该条款的规定更加不利。

点评：如果雇主愿意给雇员提供3个月以上的基本工资作为一次性补偿金额，那么雇员当然乐见其成。

6.2.21 同情假（新劳动法第39条）

1. 当雇员存在下列情形时，在每个日历年度里有权享受至少12天的发放全额工资的同情假（Compassionate Leave）：

（a）配偶、父母、子女或被抚养人去世；或者

（b）具有值得同情的正当理由。

点评：在某个日历年度里，如果雇员有多个最亲密的家庭成员去世，那么能够享受的同情假将超过12天。

6.2.22 家庭责任假（新劳动法第40条）

1. 已经工作了6个月或以上的雇员，应获得每个日历年度不超过7天的带薪假期，以便使雇员照顾患病的配偶、子女或被抚养人，但是在批准假期之前，雇主可以要求雇员提供执业医生出具的诊断书来证明其配偶、子女或被抚养人患上疾病，并且需要特别照顾。

点评：雇员要享受上述7天的家庭责任假（Family Responsibility Leave）是有条件的，即必须出具医学诊断书来证明其家人确实患上疾病，并且需要

特别照顾。

2. 雇员有权获得每年 3 天的带薪假期，以便履行对于子女、配偶或被抚养人的关怀、医疗和教育方面的责任。

点评：雇员要享受上述 3 天的家庭责任假是无条件的，无须提供任何证明。

3. 根据本条款享受的假期不能累计，也不能从该雇员的累计假期中扣除。

点评：(1) 雇员的家庭责任假必须在当年休完，过期失效；(2) 雇员休家庭责任假，不影响其继续享受其他累计的假期。

6.2.23 产假（新劳动法第 41 条）

1. 女性雇员在出具医学诊断书之后有权享受 14 个星期的产假（Maternity Leave），除非雇主和雇员之间达成的协议比本条款或关于产假福利的成文法律的规定更加有利于雇员：

（a）从预产期的前一天开始享受产假，但在生产孩子之后至少要享受 6 个星期的产假；或者

（b）在生产孩子之后享受产假。

点评：14 周的产假，女性雇员可以在预产期之前休，也可以在生产孩子之后休，但是在具体时间分配上有限制，即在生产孩子之后至少要享受 6 周的产假，这是为了保证产妇的身体健康的需要。也就是说，如果女性雇员要求在预产期之前休产假，那么雇主最多可以同意她休 8 周。当然，女性雇员也可以在生产孩子之后一次性休完 14 周的产假。

2. 根据第 1 条享受的产假，如果出现生产多胞胎的情形，应延长 4 个星期的产假。

点评：如果女性雇员生产了双胞胎或者三胞胎，那么可以休 18 周的产假。

3. 在根据本条款享受产假的前一天，当女性员工为同一个雇主连续工作时间达到 24 个月，且该员工无法根据关于产假福利金的成文法律获得产假福利金，则第 1 条规定的产假应为全额工资。

点评：(1) 女性雇员享受产假是有条件的，即必须为同一个雇主连续

第6章　劳动管理须知

工作时间达到 24 个月，其起算日期为该雇员的入职之日或者上一次产假结束之日，截止日期为该雇员要求休产假的前一天，只有当这段时间达到 24 个月，该雇员才能享受相关的产假福利金；（2）据赞比亚雇主协会首席执行官 Chibanda 披露，赞比亚正在修订有关法律，将来要建立女性员工生育保险制度，届时女性雇员休产假期间的工资将由社保机构来承担，而雇主垫付的工资，可以从社保机构追索回来。

4. 如果女性员工可以从一个以上的雇主或者某个第三方的机构获得产假福利金，则支付产假福利金的某个雇主有权从其他雇主或者第三方的机构按照民事债务追索下列款项：

（a）当存在另一个雇主时，支付给雇员的产假福利金额中与该雇员为另一个雇主的工作天数成比例的款项；或者

（b）当存在第三方的机构时，按规定可以退还的产假福利金。

点评：（1）当女性雇员从事了多份兼职工作，则每个雇主应分摊的产假福利金必须与该雇员的工作时间成正比。例如，如果该雇员为 A 公司每周工作 4 天，而为 B 公司每周工作 2 天，那么 A 公司和 B 公司应当分摊 2/3 和 1/3 的产假福利金。（2）如果相关的社会保障机构根据有关法律成立，那么雇主垫付的产假福利金就可以向该社会保障机构申请退还。

5. 尽管存在第 1 条，生产早产婴儿的女性员工有权获得延长的产假，其延长期限由执业医生提供建议。

点评：由于早产婴儿需要特别照顾，因此女性雇员需要更长的产假，但具体延长多久，由执业医生提供建议。

6. 为同一个雇主连续工作 12 个月并在妊娠晚期出现流产或者生产死胎的女性员工，在流产或者生产死胎之后有权立即享受发放全额工资的 6 个星期的产假，但这种流产或者生产死胎的情形应由执业医生进行合法鉴定。

点评：（1）如果女性雇员出现流产或者生产死胎的情形，那么在为同一个雇主连续工作 12 个月时，该雇员就可以享受 6 周的带薪产假。这比正常产假的"门槛"降低了一半；（2）流产或者生产死胎的情形应由执业医生进行合法鉴定，从而杜绝某些造假行为。

7. 当女性雇员按照第 1 条享受的产假到期时，雇员应返回上班和从事

享受产假之前担任的岗位，或者合理调换到适当的岗位，其条件不应比该雇员享受产假之前适用的条件更加不利。

点评：这一条款体现了对于产妇的关照。

8. 在产假到期时和恢复工作之前，并且经过雇主的批准，女性雇员可以享受病假、年假、同情假或其他应得的假期。

点评：在获得雇主批准的条件下，女性雇员可以一次性休完产假、病假、年假、同情假和其他应得的假期。在比较极端的情况下，该雇员可能获得长达238天的带薪假期，例如18周的产假、3个月的病假、12天的同情假、10天的家庭责任假。

9. 根据具体情况，女性雇员应当书面通知雇主关于从特定日期开始享受产假和在产假到期后恢复上班的意图。

点评：女性雇员提出上述申请，有利于雇主调整人员配置计划。

6.2.24 恢复上班的条件（新劳动法第42条）

女性员工不应在生产孩子之日起的6个星期内恢复上班，除非执业医生认定该员工适于恢复工作。

点评：这体现了对于产妇的关照。

6.2.25 怀孕或产假期间不得解雇女性雇员（新劳动法第43条）

在不违反第50条的规定的条件下，雇主不得以女性员工怀孕或享受产假而从事下列行为：

（a）终止对该雇员的雇用；

（b）对该雇员实施任何处罚或采取不利的措施；或者

（c）对该雇员的雇用条件进行不利的调整。

点评：这体现了对于孕妇和产妇的关照。

6.2.26 女性雇员免于从事有危害性岗位（新劳动法第44条）

1. 在女性雇员预产期之前的两个月内，雇主不得要求该雇员从事超过正常工作量的工作。

2. 取决于执业医生的建议，怀孕的女性雇员不应从事下列岗位：

（a）要求连续站立的岗位；

（b）可能对雇员的健康以及尚未出生的婴儿带来危害的岗位。

3. 当怀孕或哺乳的雇员从事可能对雇员的健康，或者对雇员婴儿或尚未出生的胎儿带来危害的岗位，雇主应在可行的条件下为该雇员提供合适的替代性岗位，但其雇用条件不得比该雇员的雇用条件更加不利。

4. 如果女性雇员存在下列情形，雇主应使该雇员免于从事夜班工作岗位：

（a）怀孕并且处于妊娠晚期；或者

（b）哺乳6个月或以下的婴儿。

6.2.27 哺乳假（新劳动法第45条）

1. 在每个工作日雇员感到方便和婴儿具有需求的时刻，正在照顾尚未断奶的婴儿的女性雇员有权获得下列权利：

（a）两次哺乳假，每次30分钟；或者

（b）一次哺乳假，时间为1小时。

2. 第1条规定的哺乳假，应满足下列条件：

（a）从生产孩子之日起持续6个月；以及

（b）不得从该女性员工带薪工作时间中扣除。

3. 尽管存在第1条，雇主和女性雇员可以达成相关协议，该协议不得比该条款的规定更加不利于雇员。

点评：雇主可以同意女性雇员每天享受更长的哺乳假，并且照常发放工资。

6.2.28 陪产假（新劳动法第46条）

除非雇主和雇员之间达成比本条款的规定更加有利于雇员的相关协议，在根据本条享受有关假期时已经为同一个雇主连续工作12个月的男性雇员有权获得至少5个连续工作日的陪产假（Paternity Leave），但必须满足下列条件：

(a) 该雇员是孩子的父亲；

(b) 该雇员向其雇主提交了孩子的出生记录卡；以及

(c) 在孩子出生后的 7 天内享受该假期。

点评：男性雇员要享受陪产假是有"门槛"的，即必须为同一个雇主连续工作 12 个月，而且要满足其他条件，例如必须提交孩子的出生记录卡，证明孩子真实存在，以及该雇员与孩子之间的真实关系，并且这种假期只能在孩子出生后的 7 天内享受，过期失效。

6.2.29 母亲假（新劳动法第 47 条）

女性雇员有权享受每月 1 天的假期，无须向雇主出具医学诊断书或者阐述理由。

点评：鉴于女性雇员的生理特点，雇主必须无条件提供每月 1 天的母亲假（Mother's Day）。

6.2.30 强制休假（新劳动法第 48 条）

1. 当雇主要求雇员进行强制休假（Forced Leave），雇主应在强制休假期间向雇员支付基本工资。

点评：有些行业不景气时，雇主会要求雇员强制休假，然后发放微不足道的补贴。过去的劳动法对于此类情形没有强制性要求，经常引发劳资纠纷和媒体报道。新劳动法明确规定雇员即使在强制休假期间也有权获得基本工资（Basic Pay），这固然有利于减少劳资纠纷，但雇主不得不忍受额外的负担。

2. （劳动部）部长可以通过颁布法令（Statutory Instrument）来规定雇员必须强制休假的情形。

点评：在什么情形下可以要求雇员强制休假，过去的劳动法没有明确的规定。根据新劳动法，劳动部长今后有可能出台相关法令来规范此类情形。

6.2.31 对员工的停职（新劳动法第 49 条）

当雇主有合理的理由相信雇员违反了雇主的纪律处分条例（Disciplinary Rules），并且雇主决定对该雇员进行停职（Suspension），这种停职处分应按照适用于该雇员的纪律处分条例来实施。

点评：（1）通过停职的手段来促使有些雇员进行反省，这是雇主的权利。在停职期间，雇员是无权获得正常工资的；（2）雇主不得滥用这项权利，必须按照相关的纪律处分条例来实施，也就是说，必须先找出该雇员的违纪事实，才能实施停职处分。

6.2.32 立即开除（新劳动法第50条）

1. 雇主不应立即开除（Summary Dismissal）雇员，除非出现下列情形：

（a）当雇员严重违反纪律，从而与雇用合同明示或隐含的条件不一致；

（b）故意不服从雇主的合法命令；

（c）缺乏明示或隐含的雇员应当掌握的技能；

（d）雇员习惯性或明显地玩忽职守；

（e）持续旷工，但没有获得雇主的批准或者提供合理的理由；或者

（f）出现雇主的纪律处分条例规定的立刻开除的严重不端行为。

点评：新劳动法规定了雇主立刻开除雇员的相关情形，但是什么样的违纪行为能够触发"立刻开除"，需要在纪律处分条例中进行明确的规定。例如，如果雇员持续旷工，但没有获得雇主的批准或者提供合理的理由，那么雇主可以立刻开除该雇员。至于连续旷工多少天才能算"持续旷工"，每个公司可以自行规定相关标准。

2. 当雇主立刻开除雇员而没有提供足够时间通知雇员，或者向雇员支付工资来代替通知，雇主应在开除后的4天内，向该雇员工作所在地区的劳动官员提交一份关于开除雇员的具体情形和相关理由的书面报告。

点评：立刻开除雇员后，雇主应在4天内向所在地区的劳动官员进行书面报告。

3. 第2条规定的报告可以通过挂号邮件（Registered Mail）或者电子

邮件进行提交。

点评：既然新劳动法允许使用电子邮件，我们最好还是通过电子邮件向相关的劳动官员报告立刻开除雇员的有关情况。

4. 当有关报告通过挂号邮件提交时，如果邮寄该报告的信封盖了开除后不晚于 3 天的邮戳，该报告应被认为在开除后的 4 天内已经提交给劳动官员。

点评：如果当地劳动局距离工作场所比较远，或者相关的劳动官员有事外出，那就只能通过挂号邮件来提交书面报告。

5. 劳动官员应在专门的登记簿上记录根据第 2 条的规定提交的有关报告的详细信息。

点评：这是对于劳动官员的要求。

6. 不遵守第 2 条规定的有关人员必须接受行政处罚（Administrative Penalty）。

点评：雇主未能及时向劳动官员书面报告立刻开除雇员的相关情况，不管是有意还是无意的，都必须接受行政处罚。

6.2.33 合法开除时有权获得工资（新劳动法第 51 条）

1. 根据第 50 条的规定立刻开除雇员的雇主应在开除时向雇员支付工资，以及截止到开除之日累计的其他福利金。

点评：赞比亚有一条立法原则是："同一个错误不应受到两次惩罚"，因此雇主可以立刻开除严重违反纪律的雇员，但其应得的工资和其他福利金一分钱也不能少，必须支付给该雇员。如果该雇员因为触犯有关法律而被关押，雇主也必须把这些工资和福利金交给其家人。

2. 未能遵守第 1 条的规定的雇主，必须接受行政处罚。

点评：对于严重违纪的雇员，雇主固然气愤不已，然而当心情平静之后，还是要为其结算应得的工资和福利金，否则有可能受到劳动部门的行政处罚。

6.2.34 雇用合同的终止和到期（新劳动法第 52 条）

1. 雇用合同应按照其列明的方式，或者本法律和任何其他法律规定的

第6章 劳动管理须知

雇用合同被视为终止的任何其他方式进行终止，当雇主终止合同时，雇主应向雇员提供关于终止该雇员的雇用合同的理由。

点评：雇用合同可以提前终止，但是必须满足两个条件，一是这种终止必须是合同列明或者法律认可的方式，二是雇主必须向雇员通报终止合同的理由。总之，雇主不能无理由地终止雇用合同，哪怕是支付额外的费用也是不允许的。

2. 如果无法提供与雇员的能力或行为有关的，或者基于某个机构经营需要的有效的合同终止理由，雇主不应终止雇员的雇用合同。

点评：雇主提前终止雇员的雇用合同，一定要具有正当的理由，例如该雇员的能力不行，或者行为不端，或者雇主出现经营困难等。新劳动法禁止雇主无理由终止雇用合同。

3. 在雇员获得机会进行听证之前，雇主不得以雇员的行为不端或表现不佳为理由而终止雇员的雇用合同。

点评：如果雇主以雇员的行为不端或表现不佳为理由来终止其雇用合同，则必须举行听证会，让该雇员有机会进行当众辩解。如果在听证会上支持雇主的意见占多数，那么终止合同的行为是合法的；如果在听证会上支持雇员的意见占多数，那么终止合同的行为就必须停止。

4. 雇主不应基于下列理由而终止该雇员的雇用合同：

（a）雇员加入工会，或在工作时间之外或者经过雇主同意后在工作时间之内参与工会活动。

点评：加入工会和参加工会活动，这是雇员的正当权利，雇主不应干涉或阻挠。

（b）竞选工人代表的职位，正在或者已经行使工人代表的职责。

点评：竞选工人代表和履行相应职责，这是雇员的正当权利，雇主不应干涉或阻挠。

（c）提出投诉，或者参与针对雇主的涉及违法行为的诉讼活动，或者向行政当局进行求助。

点评：雇员向公司投诉、向政府部门求助、去法院起诉，这都是其正当权利，雇主不得干涉或阻挠。

（d）根据第 5 条进行差别对待。

点评：在终止雇用合同时，雇主必须一视同仁。

（e）该雇员履行与照顾直系家庭成员有关的家庭责任。

点评：雇主不得以雇员享受家庭责任假为理由而终止雇用合同。

（f）在享受产假或者陪产假期间没有上班。

点评：雇主不得以雇员享受产假或陪产假为理由而终止雇用合同。

（g）在享受病假或者遭遇伤害期间短期没有上班。

点评：雇主不得以雇员享受病假或遭遇伤害为理由而终止雇用合同。

5. 雇主应承担关于雇用合同的终止是公平和具有有效理由的举证责任。

点评：如果遭到雇员的质疑，那么雇主有责任通过举证来使雇员和劳动官员相信关于终止雇用合同的决定是公平和具有正当理由的。

6. 当雇员有合理的理由相信其雇用合同被终止违反了本条款的规定，可以按照第 121 条的规定把该事项报告给授权官员，或者在合同终止之日起的 30 天内向有关法院进行起诉。

点评：如果雇员认为其雇用合同的终止是不公平或者缺乏正当理由的，那么可以向劳动官员求助，也可以向有关法院起诉。

7. 雇用合同在下列情形下到期：

（a）在合同明示的期限结束时；

（b）在合同规定的期限结束之前，雇员死亡；

（c）雇员达到其适用的退休年龄，当雇用合同是永久性质的；或者

（d）当雇用合同以任何其他方式依法到期，或者根据本法律或任何其他法律被视为到期。

点评：该条款列举了雇用合同到期的 4 种法定情形。

6.2.35 雇用合同终止的通知（新劳动法第 53 条）

1. 雇用合同被有意终止的雇员有权获得一段时间的提前通知，或者用补偿金额来代替通知，除非该雇员出现行为不端，使得要求雇主继续维持雇佣关系变得不合理。

点评：雇主要终止雇用合同，要么提前一段时间通知雇员，要么支付

第6章 劳动管理须知

规定的补偿金额让雇员立即离开。

2. 当雇用合同没有规定通知期限时，雇主应遵守下列规定：

（a）对于（有效期限）不超过1个月的雇用合同，提前24小时进行通知；

（b）对于（有效期限）超过1个月但不超过3个月的雇用合同，提前14天进行通知；

（c）对于（有效期限）超过3个月的雇用合同，提前30天进行通知，其中（有效期限）超过6个月的雇用合同，关于终止雇用合同的通知必须采取书面形式。

点评：对于有效期限为6个月或以下的雇用合同，雇主可以提前一段时间口头通知雇员（当然也可以采取书面通知），但对于超过6个月的雇用合同，雇主必须采取书面通知的形式。

3. 雇主不应在下列情形提出关于终止（雇用合同）的通知：

（a）根据本法律享受休假期间；

（b）根据本法律享受休假的任何期间同时发生。

点评：当雇员正在休假期间，不管是公共假日还是新劳动法规定的各种假期，雇主不得提出终止雇用合同的通知。

4. 没有向雇员提前通知的雇主应向雇员支付工资，其金额等同于假设该雇员在收到通知的期间工作应得的工资。

点评：如果雇主没有提前通知雇员，那么雇员有权获得在收到通知的期间本应获得的24小时、14天或者30天的全额工资。

5. 当雇员在第2条规定的通知期间拒绝工作，雇主可以从该雇员在雇用合同终止时应得的任何款项中进行扣除，其金额为假设该雇员在通知期间工作本应获得的金额。

点评：如果雇主在规定期限内提前通知雇员准备与其终止雇用合同，但雇员在最后的24小时、14天或者30天内拒绝工作，那么此期间雇员就不应获得工资。

6. 当雇主根据本条款终止一份长期合同，雇主应向雇员支付与其受雇期间成比例的退职金（Gratuity）。

点评：当长期合同被终止时，雇主应向雇员支付退职金，每满一年为 3 个月的基本工资，如果不满一年，则按已经工作的天数占全年的比例来支付相应的基本工资。举例来说，如果满 4 个月，可以支付 1 个月的基本工资；满 6 个月，可以支付 1.5 个月的工资；满 8 个月，可以支付 2 个月的基本工资；满 10 个月，可以支付 2.5 个月的基本工资。

6.2.36 离职金（Severance Pay）（新劳动法第 54 条）

1. 当雇员的雇用合同被终止或者到期时，雇主应按照下列方式向雇员支付离职金：

（a）根据第 38（5）条的规定，雇员被因病辞退。

点评：这属于雇用合同被提前终止的情形，根据新劳动法相关条款的规定，被因病辞退的雇员有权获得不少于每年 3 个月基本工资的一次性补偿额。

（b）当雇用合同是固定期限的，离职金要么为退职金（Gratuity），其标准为该雇员在合同期间所获得的基本工资的不低于 25%，要么为该雇员加入的相关社会保障计划所提供的退休福利金。

点评：这属于雇用合同自动到期或依法到期的情形。如果是合同自动到期，而且雇员尚未达到退休年龄，那么雇主必须按照每年 3 个月基本工资的标准来发放其退职金；如果合同尚未到期，但雇员已经达到退休年龄，那么由社会保障机构提供退休福利金。

（c）当固定期限的雇用合同被终止时，离职金应为退职金，其标准为该雇员在合同期间所获得的不低于基本工资总额的 25%，截至合同终止的生效日期。

点评：这属于雇用合同被提前终止的情形，退职金的支付标准也是每年 3 个月基本工资，不满一年则按比例发放。

（d）当雇用合同按照第 55 条的裁员规定而被终止时，离职金应为该雇员在受雇期间每年两个月基本工资的一次性补偿金额；或者

点评：如果遭到裁员，雇员拿到的离职金为每年 2 个月基本工资，而在雇用合同到期时拿到的退职金为每年 3 个月基本工资。之所以要这样规定，也许是政府为了减轻采取裁员措施的雇主的负担吧。

（e）当雇员在工作期间死亡，离职金应为该雇员在受雇期间每年两个月基本工资。

点评：如果因为长期患病而被依法辞退，雇员可以拿到不少于每年3个月基本工资的一次性补偿金额；但是当雇员在工作期间死亡，拿到的离职金则为每年2个月基本工资。之所以这样规定，也许是政府在鼓励雇员要好好活着。

2. 当雇员在领取离职金之前死亡，雇主应根据《遗嘱继承法（Intestate Succession Act）》或者《遗嘱和留有遗嘱的房地产法（Wills and Testate Estates Act）》，把离职金支付给该雇员的遗产管理人。

点评：当雇员死亡时，可能许多亲属都会来到其生前工作单位，要求获得离职金，但雇主一定要按照相关法律规定，确认真正的遗产管理人，然后把离职金交给这个人。

3. 本条款规定的离职金不应支付给临时雇员、替班雇员按照长期合同雇用的雇员，或者处于试用期的雇员。

点评：临时雇员是每天结算工资的，干一天活，拿一天钱，因此不必支付离职金；替班雇员是临时接替正式雇员的工作岗位的，事先谈好干多长时间、拿多少工资，时间一到，自动走人，因此不必支付离职金；处于试用期的雇员，如果在试用期内被雇主辞退，也不必支付离职金，如果在试用期满后转正，那么试用期将被纳入其工作年限在将来统一考虑其退职金或离职金；按照长期合同雇用的雇员适用于每年3个月基本工资的退职金。

4. （劳动部）部长应颁布最低离职金的计算公式。

点评：让我们耐心等待劳动部长可能颁发的相关法令吧。

6.2.37　因裁员而终止合同（新劳动法第55条）

1. 如果雇用合同的终止是全部或者部分出于下列原因，则应被视为雇主裁员而终止雇员的雇用合同：

（a）雇主停止或有意停止凭借雇用相关雇员而从事的业务；

（b）有关业务在雇员受雇地点从事某项特定工作的雇员需求出现停滞或萎缩，或者预计出现停滞或萎缩；

（c）在雇员尚未同意的情况下，对于雇员的服务条件进行不利于雇员的修改。

点评：雇主终止部分雇员的雇用合同，属不属于裁员，需要根据上述标准进行判断。

2. 当雇主准备以裁员为理由而终止雇用合同时，雇主应：

（a）提前不少于 30 天通知雇员或者雇员代表关于即将进行的裁员行动，并通知雇员代表受到影响的雇员数量，如果即将受到影响的雇员数量超过一个，以及准备采取的终止雇用合同的期间；

（b）给雇员或者雇员代表提供一个机会来协商可以采取的减少终止雇用合同和对雇员带来不利影响的措施；

（c）在终止雇用合同的不少于 60 天之前，通知授权官员（Authorised Officer）即将因裁员而终止雇用合同的消息，并且向授权官员提交下列信息：

（i）因裁员而终止雇用合同的原因；

（ii）有可能受到影响的雇员类别数量；

（iii）裁员行动即将实施的期间；

（iv）裁员补偿方案的性质。

点评：雇主要采取裁员措施，必须遵守新劳动法的有关规定，首先，在终止雇用合同的不少于 60 天之前，雇主要向劳动官员提交关于即将实施的裁员措施的书面报告；其次，在终止雇用合同的不少于 30 天之前，雇主要向相关雇员或者雇员代表（如果计划裁减的雇员不止一个）通知裁员的数量和实施时间；最后，雇主要与相关雇员或者雇员代表坐下来协商减少裁员带来的不利影响的解决方案，包括雇员自愿减薪、减少上班时间等。

3. 在不违反第 57 条规定的前提下，因裁员而被终止雇用合同的雇员应获得下列待遇：

（a）除非雇主和有关雇员或者雇员代表商定更加有利的条件，雇员有权获得工作期间每年不少于 2 个月工资的最低裁员补偿额，以及应得的其他福利金来补偿因丧失就业岗位而带来的损失；

（b）在不晚于雇员上班的最后一天获得裁员补偿金额，如果雇主无法在雇员上班的最后一天支付裁员补偿金额，则雇主应继续向雇员支付全额工资，直至该雇员获得裁员补偿金额。

点评：受到裁员影响的相关雇员不仅有权获得每年 2 个月基本工资的裁员补偿金额，而且这种补偿金额必须在其上班的最后一天拿到手，只要雇主没有足够支付这笔补偿金额，那么雇员就有权利"不劳而获"，坐在家里拿全额工资。

6.2.38　豁免支付裁员补偿额（新劳动法第 56 条）

1. 在不违反宪法的前提下，因雇主陷入财务危机而不能根据第 55 条的规定向雇员支付裁员补偿额的雇主，可以向劳动专员申请豁免按照下列方式支付裁员补偿金额的要求：

（a）一次性支付；

（b）裁员通知到期日或之前支付。

点评：一般来说，雇主都是迫不得已才采取裁员措施的。当雇主陷入财务危机，无法在裁员通知到期日一次性支付相关雇员的裁员补偿金额时，可以向劳动专员申请豁免这种一次性付款的要求。然而，劳动专员会不会批准这种申请，将酌情而定。

2. 根据第 1 条的规定提出的申请应随附下列资料：

（a）雇主因陷入财务危机而不能一次性和不晚于裁员通知到期日支付裁员补偿金额的证据；

（b）当雇主不能一次性支付裁员补偿金额时，雇主建议的付款计划，列出建议的分期支付裁员补偿金额的方案，以及付款日期。

点评：雇主能够申请的豁免是指裁员补偿金额的一次性支付方式，而不是把裁员补偿金额一笔勾销。因此，雇主必须在相关申请中列出分期付款的方案，包括付款比例和付款日期。

3. 当劳动专员认为雇主根据第 2 条的规定所建议的付款计划不合理时，该劳动专员应提出替代性的付款计划。

点评：这是对于劳动专员的限制性规定。劳动专员不能总是对雇主提出的分期付款方案说"No"，也要提出可行的分期付款方案。

4. 在收到第 1 条规定的有关申请的 30 天内，劳动专员应从事下列行为：

——批准豁免申请，并附加条件或者不附加条件；或者

——拒绝批准豁免申请，并提供拒绝理由。

点评：这是对于劳动专员的限制性规定。对于雇主提出的申请，劳动专员必须在 30 天内做出决定，要么批准，要么拒绝。如果是批准，劳动专员有权附加必要的条件，当然也有权全盘接受雇主的方案。

5. 如果存在下列情形，劳动专员可以取消根据第 4 条的规定而批准的豁免：

——根据实质上不准确或误导性的信息而批准的豁免；

——自从批准豁免以来，有关情况出现了重大变化；或者

——获得豁免的雇主未能遵守批准豁免时附加的任何条件。

点评：劳动专员可以批准一次性付款方案的豁免申请，也可以取消这种豁免，这属于其法定的职权。

6. 当劳动专员准备取消根据第 4 条的规定而批准的豁免，劳动专员应向曾经获得豁免的雇主书面通知准备采取的行动，并且要求雇主在收到通知后的 7 天内，向劳动专员提交雇主对于准备取消豁免的任何意见。

点评：当劳动专员取消对于一次性付款方案的豁免时，雇主也有权利发表自身的意见。

7. 未能遵守豁免条件的雇主应受到行政处罚；以及

点评：如果劳动专员有条件批准雇主提出的分期付款方案，那么雇主必须遵守相关的条件，否则有可能受到劳动部门的行政处罚。

8. 当雇主根据本条款的规定向雇员支付裁员补偿金额时，雇主应在付款后的 7 天内，向劳动专员提交付款凭证。

点评：裁员问题是非常敏感的社会问题，因此雇主要严格遵守有关法律规定，及时向劳动专员提交付款凭证。

9. 本条款不适用于下列情形：

(a) 因破产或强制清算而停止从事业务的雇主；

(b) 临时雇员；

(c) 替班雇员；

(d) 签订长期合同的雇员，其合同到期日刚好与裁员日期一致；或者

(e) 处于试用期的雇员。

点评：(1) 如果雇主陷入破产或强制清算状态，就不可能向雇员支付裁员补偿金额；(2) 如果长期合同的到期日与雇主实施的裁员日期刚好一致，那么相关雇员应按照有关合同条款来获得每年 3 个月基本工资的退职金，而不是每年 2 个月基本工资的裁员补偿金；(3) 临时雇员、替班雇员和处于试用期的雇员，无权获得裁员补偿金额。

6.2.39 重新雇用被裁员的雇员（新劳动法第 57 条）

根据第 55 条的规定发出的终止雇用合同的通知生效后的 9 个月内，当导致裁减雇员的有关情况出现变化，并且雇主希望填补因裁员而导致的空缺岗位，雇主应把空缺岗位的雇用合同提供给以前被宣布裁员的雇员，之后才能考虑该岗位的任何其他申请人。

点评：当原有岗位需要填补时，雇主要把该岗位优先留给被裁减的雇员，只有当被裁减的雇员不感兴趣时，雇主才能考虑其他申请人。

6.2.40 退休年龄到期（新劳动法第 58 条）

当雇员达到成文法律所规定的退休年龄，该雇员的雇用合同应因雇员退休而到期。

点评：这是雇用合同依法到期的情形。

6.2.41 服务证书、证明信或推荐函（新劳动法第 59 条）

1. 尽管存在第 2 条的规定，在终止雇用合同时，雇主应向雇员提供一份服务证书（Certificate of Service），表明下列信息：

(a) 雇主的名称；

(b) 雇员的姓名；

(c) 雇用的日期；

(d) 解雇的日期；

(e) 雇用的性质；

(f) 雇主在任何基金或计划开立的、代表雇员向该基金或计划缴纳或者汇入法定费用的账户号码；

（g）雇员的身份证号码，以及受雇期间在有关基金或计划的会员编号；以及

（h）在受雇期间由雇主向有关基金或计划缴纳的法定和任何补充费用金额的对账单。

点评：（1）当雇用合同被提前终止时，雇主向雇员出具服务证书，这是一项法定义务；（2）值得注意的是，在出具服务证书时，雇主需要提供雇员在社会保障机构设立的社保账户号码，并且附上雇主向该账户汇入社保费用的对账单。

2. 在雇员的服务终结时，雇主可以向雇员提供一份证明信（testimonial）、推荐函（reference）或者个性介绍信（certificate of character）。

点评：要不要向雇员出具一份证明书、推荐函或者个性介绍信，这是雇主酌情而定的事情。

3. 尽管存在第2条的规定，如果雇主向雇员提供一份错误的证明信、推荐函或者个性介绍信，第三人由于受到错误的证明书、推荐函或者个性介绍信的诱导而向该雇员提供工作岗位，则雇主应对第三人造成的亏损或损失负责。

点评：雇主不能出于同情、怜悯等原因而向终止雇用合同的雇员出具错误的证明信、推荐函或者个性介绍信，如果其他雇主受到这封文件的误导而雇用该雇员，进而由于该雇员的不端行为而遭受损失，那么其他雇主可以向原雇主索赔。

6.2.42 雇用外国人的雇主义务（新劳动法第60条）

新劳动法规定，当某个空缺岗位需要填补时，赞比亚公民具有优先权，除非雇主能够证明，赞比亚公民不具备该岗位所要求的技能，或者赞比亚公民没有申请该空缺岗位。只有当外国人掌握的关键技能（Critical Skills）属于技能咨询委员会（Skills Advisory Committee）所列举的关键技能清单，该外国人才能受到雇用。关键技能是指特殊或稀缺的学术或专业资格证书、教育标准或赞比亚需要的技能。

第 6 章　劳动管理须知

1. 在不违反本法律其他条款的前提下，在某项任务中雇用外国人的雇主应从事下列行为：

（a）在可行的情况下，为该外国人指定一名学徒（Understudy）；

（b）向劳动专员提交一份关于该学徒的培训方案和管理接替计划；

（c）按照规定的方式和格式，向劳动专员提交一份年度报告。

点评：新劳动法加强了对于雇主聘用外国人的监管力度，首先，在可行的情况下，要为拟聘用的外国人指定一名学徒；其次，要制定对于该学徒的培训方案和接班计划；最后，要向劳动部门提交关于该学徒培训进展的年度报告。目前新劳动法只进行了原则性的规定，至于哪些岗位需要指定学徒，培训和接班时间可以定为多少年，年度报告需要包括哪些内容等细节问题，有待其他法令进一步明确。

2. 在本条款，"学徒"指挑选出来在外籍雇员的监督下接受培训和希望达到下列目的的赞比亚公民：

（a）在两年或者劳动专员可能确定的期限之内提高学徒的技能；

（b）在可行的条件下，希望最终接管有关工作岗位。

点评：（1）如果劳动专员确定当地学徒可以在两年之内的时间掌握相关技能和具备接班条件，那么外国人可能获得工作证期限也必须在两年之内。（2）这是从法律层面强迫外国人向赞比亚公民传授相关技能。

6.2.43　与雇用外国人有关的禁止事项（新劳动法第61条）

1. 在不违反 2010 年《移民和驱逐法》（Immigration and Deportation Act）的前提下，雇主不应从事下列行为：

（a）以雇主的名义雇用外国人从事没有被列入第 65（1）（d）条制定的关键技能清单的工作；

（b）允许外国人从事其他工作岗位，而不是根据 2010 年《移民和驱逐法》颁发的工作许可证批准的工作岗位；

（c）由于雇用外国人而解雇或裁减赞比亚公民或居民；

（d）通过实施强迫、威胁或任何其他非法方式来迫使外国人从事其不同意从事的工作岗位。

点评：（1）新劳动法规定，只有被列入关键技能清单的工作岗位才能允许雇主聘用外国人。而在该清单之外的任何岗位，只能聘用赞比亚公民来担任。举例来说，假设普通卡车司机没有被列入关键技能清单，那么当劳动局官员在路上执法检查时发现外国人驾驶普通卡车，很可能指控他违反了新劳动法。（2）外国人拿着 A 岗位的工作许可证，却干着 B 岗位的工作，这也是违法行为。（3）雇主不得因为聘用了一个外国人而解雇任何数量的赞比亚公民。（4）雇主不得强迫外国人从事其不同意从事的工作岗位，例如涉足黄赌毒行业。

2. 违反本条款的规定的雇主构成了违法行为，一旦被定罪，必须接受不超过 30 万个罚金单位（相当于 9 万克瓦查）的罚金，或者入狱服刑不超过 3 年，或者同时处罚。

点评：9 万克瓦查或者 3 年有期徒刑，这是很高的刑事处罚。

6.2.44　赞比亚外籍员工的注册（新劳动法第 62 条）

1. 劳动专员应保管和维护包含下列信息的外国人登记簿：
(a) 外国人受雇的机构的业务名称和性质；
(b) 外国人的姓名、性别和国籍；
(c) 外国人的资格证书；
(d) 外国人受雇的职位；
(e) 劳动专员可能要求的任何其他信息。

点评：今后劳动部门将登记在赞比亚工作的所有外国人的雇主名称、外国人的姓名、性别、国籍、资格证书、工作岗位等信息。

2. 外国人登记簿应由劳动专员进行保管，并且在正常办公时间供社会公众进行公开检查。

点评：今后每个公司外国人的姓名、性别、国籍、资格证书、工作岗位等信息都将公之于众，接受群众的监督。

3. 应某个人的申请，并在缴纳规定费用之后，劳动专员可以向该人出具一份经过确认的外国人登记簿的摘要。

点评：今后任何人可以通过缴费的方式来获得外国人登记簿的相关摘

要，比如某公司所有外国人的工作岗位和国籍等信息。

4. 在不违反本法律的前提下，最新出版和打印的外国人登记簿的复印件应成为所有法律诉讼活动中关于该登记簿所包含的信息的可以采纳的证据，如果外国人的姓名没有出现在该复印件上，应成为该外国人没有经过注册的初步证据。

点评：如果雇主没有把某个外国人的信息提交给劳动部门和刊登于外国人登记簿中，那么该外国人一旦被相关部门查获，很可能被限期离境或者驱逐出境。

6.2.45　内部政策、投诉程序和行为准则

新劳动法要求雇主必须制定下列内部政策、投诉程序和行为准则，并且有责任让每个员工都了解这些文件的含义：

- 预防艾滋病政策；
- 卫生保健政策；
- 反性骚扰政策；
- 业绩管理政策；
- 投诉程序；
- 行为准则。

6.2.46　工作时间、加班工资和住房补助

1. 工作时间

- 全职雇员必须每天工作 8 小时；
- 在 7 个连续日的每个期间，雇员有权获得至少 24 小时的休息日；
- 在每个工作日，员工有权获得：

（a）1 小时的就餐时间；

（b）至少 20 分钟的歇息时间，或者两次歇息时间，每次不少于 10 分钟。

2. 加班工资

- 每周工作时间超过 48 小时的所有员工都有权要求计算加班工资，

其标准为该员工的小时工资的 1.5 倍；当该员工在公共假期和每周一次的休息日工作时，其标准为该员工的小时工资的 2 倍；

● 按照旧劳动法，只有弱势雇员才有权要求雇主支付加班工资，这属于强制性要求。然而，按照新劳动法，任何层级的雇员都有权获得加班工资。

（3）住房补助

● 按照新劳动法，雇主必须向所有雇员提供某种形式的住房补助，这是一项法定要求。雇主可以在雇员购买或建设住房时提供贷款或者预付款，可以向雇员的抵押贷款或者住房贷款提供担保，也可以在雇员的基本工资之外提供住房补贴，其标准为基本工资的 30%。

● 按照旧劳动法，雇主只需向弱势雇员提供住房补贴，其标准为基本工资的 30%。

6.2.47 专门委员会的职能

根据新劳动法的授权，赞比亚政府将成立两个专门委员会，分别为技能咨询委员会（Skills Advisory Committee）和劳动咨询委员会（Labour Advisory Committee）。

1. 技能咨询委员会的职能为，通过向劳动部长建议采取必要措施来确保下列目的：

● 赞比亚公民获得雇用机会的优先权；

● 根据 2006 年《公民经济赋权法》（Citizens Economic Empowerment Act）的规定，在雇用和劳动关系中采取有利于赞比亚公民的积极行动；

● 对于相同价值的工作，赞比亚公民获得与外国人相同的工资；

● 在雇用和劳动关系中促进赞比亚公民的福利。

2. 劳动咨询委员会将成为三方协商劳动协会（Tripartite Consultative Labour Council）所属的特别委员会，其职能包括：

● 调查任何岗位或行业的工资和雇用条件，以便提出关于最低工资和雇用条件的建议；

● 对于任何团体的员工，至少每两年评估其最低工资和雇用条件，然后向劳动部长提出相关建议。

6.2.48 处罚措施

1. 当某个法人团体或非法人团体在其董事、经理、股东或者合伙人知情、同意或者默许之下从事了本法律规定的违法行为，则该法人团体或非法人团体的董事、经理、股东或者合伙人构成了违法行为，一旦被定罪，必须缴纳相应的罚金，或者入狱服刑，或者同时处罚。

2. 劳动专员可以对于违法人员提供下列处罚措施：
（a）关于不得重犯不合规行为的警告；
（b）谴责；
（c）采取补救措施，或者采取纠正不合规行为的特定措施的指令；
（d）限制从事或者暂停特定商业行为；
（e）不超过 20 万个罚金单位（相当于 6 万克瓦查）的财务罚金。

任何人在收到处罚规定的 30 天内，都可以向高等法院提出针对该项行政处罚决定的上诉。

6.2.49 过渡期

- 雇主有一年的过渡期来确保所有尚未到期的雇用合同符合新劳动法的相关要求；
- 在新劳动法于 2019 年 5 月 10 日开始实施之后，雇主与雇员签订、延期或修改的任何雇用合同都必须符合新劳动法的相关要求；
- 雇员在新劳动法生效之前累计的任何福利金，按照以前的法律要求进行计算。

6.3 劳动纪律和违纪处分

每个雇主都有权根据自身情况，制订相关的劳动纪律。一旦雇员出现违反劳动纪律的行为，雇主有权进行必要的纪律处分，但必须遵守法定的程序，否则有可能被迫向违纪员工提供补偿。

6.3.1 处罚程序（Disciplinary Procedure）

当违纪行为被发现时，相关主管应向违纪员工指出他/她违反了哪一条劳动纪律，并且用一式三份的公司处罚表格记录下来相关的违纪行为，其中一份交给违纪员工，一份交给人力资源部经理，一份存入该员工的个人档案。

值得注意的是，不管相关的违纪行为是多么显而易见，雇主都必须要求该违纪员工提供一份书面陈述来为自己辩解。

6.3.2 处罚手段（Application of Penalties）

1. 口头警告（Verbal warning）

这种警告适用于不太严重的违纪行为，但必须有一个证人，并且在违纪行为发生时立即提出，而不能事后提出这种警告。

2. 首次书面警告（First written warning）

在相关主管对某违纪员工提出口头警告之后，如果他/她继续发生违纪行为，则必须提出首次书面警告。在首次书面警告函上，违纪员工必须签字确认收到该警告函，至少一个证人也必须签字证实有关情况。

如果违纪员工拒绝在首次书面警告函上签字，则公司可以写一份报告说明该情况，然后附上相关证人签字证实的首次书面警告函，存入该违纪员工的档案。如果这样做的话，首次书面警告仍然可以生效。

如果违纪员工拒绝在首次书面警告函上签字，则相关主管还可以指控该员工"拒绝服从命令（Failure to obey instruction）"。

3. 最终书面警告（Final written warning）

如果口头警告和首次书面警告都失效，则主管可以向违纪员工提出最终书面警告。这意味着，一旦该员工继续发生相同的违纪行为，将面临开除的处罚。

如前所述，所有的书面警告至少要一式两份，其中一份必须交给违纪员工，另一份存入该员工的个人档案。

4. 开除（Dismissal）

当上面提到的各种警告手段全部失效，违纪员工继续发生相同的违纪行为，则公司可以举行一场劳动纪律处罚的听证会，给违纪员工提供一个自我辩解的机会。如果该违纪员工被裁定有过错，则公司可以开除他/她。

一旦公司做出开除某违纪员工的决定，公司应当在开除信上写明违纪员工有权在多少天内提出申诉，并且应当在五天内把开除信和相关文件（如书面警告函）送到当地劳动局进行备案。

如果违纪员工向当地劳动局投诉公司没有履行必要的程序就开除他/她，而当地劳动局经过调查后确认投诉内容属实，将责令雇主向被开除员工赔偿（从入职之日至开除之日）每年一个月全额工资作为处罚。

中资企业的主管由于存在语言障碍，在开除违纪的赞比亚员工时经常说："Your job finished（你别干了）"或者"Tomorrow no job（明天别来了）"。这种做法是违法的，因为没有履行必要的处罚程序。如果违纪员工向有关劳动部门提出投诉，将被责令给该员工赔偿（从入职之日至开除之日）每年一个月的全额工资作为处罚。

5. 立即开除

当某些员工发生极其严重的违纪行为甚至从事犯罪活动，公司可以给予立即开除的处罚，而无须逐步履行口头警告——首次书面警告——最终书面警告的程序。

至于哪些违纪行为适用于立即开除的处罚，可以参考铜带省基特韦市劳动局（Kitwe Labor Office）拟订的劳动纪律模板。

如果违纪员工向当地劳动局投诉公司没有履行必要的程序或提出正当的理由就立即开除他/她，而当地劳动局经过调查后确认投诉内容属实，将责令雇主向被立即开除员工赔偿（从入职之日至开除之日）每年两个月全额工资作为处罚。

6.3.3 申诉渠道

当违纪员工遭到开除的处罚时，可以通过下列渠道进行两次申诉：

1. 向管理人员提出第一次申诉；

2. 如果第一次申诉失败，则可以向公司的董事/总经理/首席执行官提出第二次申诉。

根据有关法律的规定,当违纪员工提出第一次或者第二次申诉时,公司相关人员必须在 14 个工作日内听取该员工的理由陈述,或者提供书面答复意见。

6.3.4 其他

1. 如果某违纪员工通过合法的程序、以正当的理由被开除或者立即开除,则公司只需向该员工支付从入职之日至开除之日期间的应得工资和每月两天的 Leave Pay(带薪休假工资),而无须支付 Gratuity(赏金)、Terminal Benefit(最终福利)或者 One Month of Salary in lieu of Notice(代替提前通知的一个月工资)。

2. 雇主不得无理由提前终止与员工签订的劳动合同,否则将受到劳动主管部门的处罚。

6.3.5 劳动纪律和违纪处分的模板

表 6-1 GROUP A(A 类)

INCIDENT(违纪行为)	1ST BREACH（首次违纪）	2ND BREACH（第二次违纪）	3RD BREACH（第三次违纪）
SLEEPING ON DUTY 上班时间睡觉	Verbal warning 口头警告	written warning 书面警告	Dismissal 开除
DISTURBING FELLOW WORKERS 干扰工友	Verbal warning 口头警告	written warning 书面警告	Dismissal 开除
BREACHES OF STAFF RULES 违反员工守则	Verbal warning or immediate dismissal depending on gravity 视情节严重程度,可口头警告或立即开除	Suspension 停职	Dismissal 开除
CARELESS OR INACCURATE WORK 工作粗心或失误	Verbal warning 口头警告	Suspension 停职	Dismissal 开除

第6章 劳动管理须知

续表一

INCIDENT（违纪行为）	1ST BREACH（首次违纪）	2ND BREACH（第二次违纪）	3RD BREACH（第三次违纪）
HABITUAL/PERSISTENT LATE ARRIVAL 习惯性/连续性迟到	Verbal warning 口头警告	Suspension for three days without pay 停职3天并且不付工资	Dismissal 开除
WILLFUL LACK OF EFFICIENCY, NEGLIGENCE OF WORK, OR DELIBERATE STOPPAGE OF WORK 工作中故意缺乏效率、工作粗心大意或故意停工	written warning 书面警告	Suspension for three days without pay 停职3天并且不付工资	Termination 终止合同

表6-2 GROUP B（B类）

INCIDENT（违纪行为）	1ST BREACH（首次违纪）	2ND BREACH（第二次违纪）	3RD BREACH（第三次违纪）
THREE DAYS CONSECUTIVE ABSENCE WITHOUT ANY CAUSE AND NOTICE AND/OR HABITUAL ABSENTEEISM 连续三天无理由、无通知缺勤和/或习惯性缺勤	written warning and recovery of days absent or pay for the days absent 书面警告并且从出勤天数中扣减缺勤天数，或者令其支付缺勤期间的工资	Dismissal 开除	
USING ABUSIVE LANGUAGE WHILST ON DUTY 上班期间使用侮辱性语言	written warning 书面警告	Dismissal 开除	

— 127 —

续表一

INCIDENT （违纪行为）	1ST BREACH （首次违纪）	2ND BREACH （第二次违纪）	3RD BREACH （第三次违纪）
REPORTING BACK LATE AFTER LEAVE 休假后推迟上班	written warning and recovery of days overstayed 书面警告，并且从出勤天数中扣减超期休假的天数	Dismissal 开除	
REFUSAL TO OBEY LAWFUL INSTRUCTIONS INCLUDING REFUSAL TO WORK 拒绝遵守合法指令，包括拒绝工作	Suspension for three days without pay 停职3天并且不付工资	Termination 终止合同	
DIVERTING FROM APPROVED ASSIGNMENT 没有从事批准的工作任务	written warning 书面警告	Dismissal 开除	
SUPERVISORY NEGLIGENCE 监督不力	written warning 书面警告	Dismissal 开除	
FAILING TO REPORT DISHONEST ACTIVITIES TO MANAGEMENT BY FELLOW EMPLOYEES 没有把工友的不诚实行为汇报给公司管理层	Suspension for three days without pay 停职3天并且不付工资	Dismissal 终止合同	
USE OF COMPANY VEHICLE WITHOUT AUTHORITY 未经允许使用公司车辆	Final written warning plus three days suspension without pay 最终书面警告，停职3天并且不付工资	Dismissal 开除	

续表二

INCIDENT（违纪行为）	1ST BREACH（首次违纪）	2ND BREACH（第二次违纪）	3RD BREACH（第三次违纪）
LEAVING WORK WITHOUT PERMISSION OF IMMEDIATE SUPERVISOR 未经直接领导允许就离开工作岗位	Verbal warning 口头警告	written warning 书面警告	Dismissal 开除

表6–3　GROUP C（C类）

INCIDENT（违纪行为）	1ST BREACH（首次违纪）	2ND BREACH（第二次违纪）	3RD BREACH（第三次违纪）
ANY ACT WHICH IS LIKELY TO BRING THE EMPLOYER AND/OR ITS STAFF INTO DISREPUTE 从事有可能给雇主和/或员工带来坏名声的行为	Dismissal after investigations 调查属实后开除		
EMPLOYEE COMMITS ANY MATERIAL BREACH OF DUTIES OR OBLIGATION UNDER THE EMPLOYMENT CONTRACT ENTERED INTO WITH THE COMPANY 员工严重违反与公司签订的雇用合同的有关职责或义务	Dismissal 开除		
THE EMPLOYEE IS DISCOVERED TO HAVE GIVEN THE EMPLOYER FALSE INFORMATION, STATEMENT, DOCUMENT OR MATERIAL OMISSION RELATING TO HIS QUALIFICATIONS, ABILITY OR COMPETENCE 员工被发现向雇主提供与资格证书或工作能力有关的虚假信息、陈述、文件或重大疏漏	Dismissal 开除		

续表一

INCIDENT（违纪行为）	1ST BREACH（首次违纪）	2ND BREACH（第二次违纪）	3RD BREACH（第三次违纪）
COMMUNICATING CONFIDENTIAL INFORMATION TO THIRD PARTIES/COMPETITORS WITHOUT PERMISSION 未经许可而向第三方或竞争对手泄露机密信息	Dismissal 开除		
ASSAULT, THREATENING OR INFLAMMATORY BEHAVIOUR OR RUDENESS TO CLIENTS/CUSTOMERS 对客户/用户从事攻击、威胁、煽动性或无礼的行为	Dismissal 开除		
REPETITION OF THREE PREVIOUS OFFENCES FOR WHICH WARNINGS HAVE ALREADY BEEN GIVEN OR CONTINUANCE OF POOR WORK WITHIN THE TIME LIMITED AT THE FIRST WARNING STAGE 接到警告之后仍然出现三次违纪行为，或者在第一次警告的规定期限内工作表现一直糟糕	Dismissal 开除		
USING COMPANY TIME FOR PERSONAL MONETARY GAIN 上班时间从事个人获利的行为	Dismissal after investigations 调查属实后开除		
BEING FOUND DRUNK AT WORK 工作期间醉酒	Dismissal 开除		
DRINKING ALCOHOL ON DUTY 值班期间喝酒	Dismissal 开除		

续表二

INCIDENT（违纪行为）	1ST BREACH（首次违纪）	2ND BREACH（第二次违纪）	3RD BREACH（第三次违纪）
THEFT 偷盗	Dismissal 开除		
FORGERY 造假	Dismissal 开除		
BEING CONVICTED BY A COURT OF LAW 被法院定罪	Dismissal 开除		
IMPRISONMENT 入狱	As per company discretion after investigations 调查属实后，公司拥有自由裁量权		
ASSAULT CAUSING BODILY HARM WHILST ON COMPANY DUTY 在公司上班期间攻击他人导致身体伤害	Dismissal 开除		
RIOTOUS BEHAVIOUR FIGHTING OR BEING FOUND INVOLVED IN A RIOT WHILST ON DUTY 上班期间从事暴力行为、打架或者参与骚乱行为	Dismissal 开除		
FRAUD 欺诈	Dismissal 开除		
ACCEPTING BRIBES 接受贿赂	Dismissal 开除		
MISAPPROPRIATING COMPANY FUNDS 窃取公司资金	Dismissal 开除		

续表三

INCIDENT（违纪行为）	1ST BREACH（首次违纪）	2ND BREACH（第二次违纪）	3RD BREACH（第三次违纪）
VIOLATING COMPANY'S ESTABLISHED WORKING/OPERATING METHODS AND PROCEDURE, SAFETY PRINCIPLES WHICH ENDANGER COMPANY'S PROPERTY, HUMAN LIFE ETC. 违反公司既定的工作/操作方法和程序、安全规则，从而使公司财产和人身安全处于危险之中	Suspension or dismissal depending on gravity of offence 根据情节严重程度可停职或开除		
FALSIFICATION OF COMPANY'S DOCUMENTS AND RECORDS 篡改公司文件或凭证	Dismissal 开除		
ANY ACT CAUSING DAMAGE TO COMPANY'S IMAGE OR BUSINESS 从事对公司形象或业务带来损害的行为	Dismissal 开除		
CONCEALING VITAL INFORMATION DETRIMENTAL TO THE INTEREST OF THE COMPANY OR ITS EMPLOYEES 隐藏关键信息，从而使公司及其员工利益受到损害	Summary dismissal 立即开除		
NOTORIOUSLY INSULTING OR THREATENING ANYBODY INSIDE COMPANY/SITE PREMISES 在公司经营场所或工作现场公开侮辱或威胁任何人	written warning 书面警告	Dismissal 开除	

第6章 劳动管理须知

续表四

INCIDENT（违纪行为）	1ST BREACH（首次违纪）	2ND BREACH（第二次违纪）	3RD BREACH（第三次违纪）
MISCONDUCT AND INSUBORDINATION TO SUPERIORS 行为不端，并且不服从上级领导	written warning 书面警告	Dismissal 开除	
INCITING FELLOW WORKERS 煽动工友	Suspension for three days without pay 停职3天，并且不付工资	Dismissal 开除	
MISUSE OF COMPANY PROPERTY, EQUIPMENT ETC. 滥用公司资产和设备等	Suspension for three days without pay 停职3天，并且不付工资	Dismissal 开除	
LOSS OR DAMAGE TO COMPANY PROPERTY, MERCHANDISE, STOCK ETC. THROUGH INCOMPETENCE, NEGLIGENCE, CARELESSNESS OR DELIBERATE ACT 由于能力不够、粗心大意、玩忽职守或故意行为而导致公司财产、商品、库存品等丢失或损坏 A）CAUSING A SMALL LOSS TO THE COMPANY （A）给公司带来小损失	written warning plus payment for the loss through salary recovery 书面警告，并且通过扣减工资来赔偿有关损失	Dismissal and payment of damage through salary/benefits 开除，并且扣减其工资/福利来赔偿有关损失	
B）CAUSING SUBSTANTIAL OR EXPENSIVE LOSS TO THE COMPANY （B）给公司带来重大或昂贵损失	Dismissal and payment of damage through salary/benefits 开除，并且扣减其工资/福利来赔偿有关损失		

6.4 劳动合同模板和释义

EMPLOYMENT CONTRACT（雇用合同）

1. OFFER OF EMPLOYMENT（入职通知）

The employer agrees to engage the services of the employee and the employee agrees to accept service with the employer on the following terms and conditions：

雇主同意雇用员工提供的服务，而员工也同意根据下列条件向雇主提供服务：

The employee will be required to undergo a pre – employment medical examination, as prescribed by the employment act. Medical examination for this purpose shall be conducted at any government medical institution. Employment is conditional on the employee being declared fit to work.

根据雇用法律的规定，员工必须进行入职前体检。出于这种目的的体检应该在任何政府的医疗机构进行。只有当员工被宣布身体健康，能够从事有关工作时，这种雇用才能生效。

释义：只有体检合格后才能上岗。如果签订了劳动合同，但是体检不合格，该合同就不能生效。当然在实际操作中，最好是先体检，后签合同。

2. PREAMBLE（序言）

This agreement is made on the _____ day of _____ in the year _____ Between _____ （hereafter the Employer/Company）of the one and Mr. /Mrs. /Ms. _____

（hereafter the Employee）who was recruited in _____

本合同由_____（以下简称雇主或公司）作为一方，受雇的_____先生/女士（以下简称员工）作为另一方，于_____年_____月_____日在_____签订。

释义：签订合同的当事双方、时间、地点必须明确。

3. DESIGNATION（职位）

The employee will be employed in the capacity of _____ .

员工受雇担任_____职位。

释义：职位一定要明确，有些特殊职位可能要有岗位描述，免得将来扯皮。

4. EMPLOYMENT PERIOD（雇用期限）

This contract is with effect from _____ to _____ .

本合同自_____至_____有效。

释义：如果是固定期限合同，可以写明起止日期。如果是永久合同，直接注明 Permanent（永久）。所谓永久合同，是指该合同一直生效到员工主动要求解除为止，而雇主只有在裁员的条件下才能解除该合同。

5. PROBATION（试用）

The employee will be on probation for the first 3 months of employment from the date of commencement. Upon the satisfactory completion of the probationary period, the employee will be confirmed in his/her employment, unless otherwise advised earlier in writing to the contrary.

员工从入职之日起的前三个月处于试用阶段。当试用期结束时，雇主对于员工提供的服务感到满意，将确认正式雇用该员工；如果雇主对于员工（在试用期）提供的服务感到不满意，则应以书面形式事先通知该员工。

释义：试用期最长为6个月，但必须分段进行。直接写明试用期为6个月，这是不合法的。相关法律的规定是，刚开始列明试用期为3个月，在3个月到期后，雇主对于该试用期员工的服务感到不满意，书面通知他/她，决定解除合同后一拍两散，或者延长3个月的试用期，以观后效。当某员工经过两个阶段的试用期，入职时间达到6个月时，雇主必须通过书面通知来做出最终决定，要么继续留用，要么解除合同后一拍两散。

当然，如果雇主对于某个员工的工作表现特别满意，把试用期缩短为两个月、一个月甚至取消试用期，这都是合法的。

如果某员工入职后3个月或6个月期满时，雇主没有提供任何书面通知，而是让员工继续工作，那么在法律上就意味着雇主同意该员工转正，其福利待遇将按照签订固定期限的劳动合同的正式员工来确定。

6. PLACE OF WORK（工作地点）

The employees work place will be ＿＿＿＿＿＿. The employer reserves the right to change the place of work as may be required by the nature of the business and thus will inform the employee in advance of any changes.

员工的工作地点为＿＿＿＿。根据业务性质的需要，雇主保留变更工作地点的权利，将把任何地点变更事宜提前通知员工。

释义：任何员工的工作地点都是可以变更的，只要是为了公司开展相关业务的需要，员工就不应拒绝雇主的正当要求。如果员工不愿前往雇主指定的工作地点，那么雇主可以给他/她一封警告信，理由是不服从命令。

7. HOURS OF WORK AND OVERTIME（工作时间和加班）

（1）The working hours may include working 8 hours per day（with 1 hour lunch）or 8 hours per shift. The employer reserves the right to alter working hours as required by the nature of the business. It may be necessary for the employee to work overtime from time to time. Reasonable notice will be given in advance.

工作时间可以为每天工作 8 小时（另有 1 小时的午餐时间），或者每个班次 8 小时。雇主保留根据业务性质的需要而变更工作时间的权利。员工可能偶尔需要加班工作。（雇主）需要在合理时间内发出提前通知。

释义：在合同中只需要笼统规定每天工作 8 小时或者每个班次 8 小时，并且雇主可以根据业务需要来变更工作时间，比如建筑公司平时早上 8：00 上班，下午 5：00 下班，但在抢工期时可以调整为早上 7：30 上班，下午 6：00 下班，只要在合理时间内发出提前通知，员工就不应拒绝接受雇主变更的工作时间和要求的加班时间，否则就可以不服从命令的理由给他/她一封警告信。

（2）Hours worked in excess of 48 hours per week（Monday to Saturday）will be paid as overtime at 1.5 times the basic rate.

每周超过 48 小时（周一到周六）的工作时间，应按照基本工资标准的 1.5 倍来支付加班工资。

释义：加班时间按每周来计算，对于雇主更有利。因业务需要，某天工作时间超过 8 小时,而另一天工作时间不到 8 小时,那么算总账,也许超过每周 48 小时的加班时间就没有多少。

(3) Hours worked on Sundays and public holidays will be paid at double the basic wage rate of the employee for the hours worked.

星期天和公共假日的工作时间应该按照员工工作时间的基本工资标准的 2 倍来支付。

释义:星期天和公共假日,干 1 小时相当于平日的 2 小时,工资应该翻倍。

8. REMUNERATIONS(薪酬)

Basic pay(基本工资):_____

Transport allowance(交通补贴):_____

Housing allowance(住房补贴):_____

Lunch allowance(午餐补贴):_____

The company maintains a no work no pay policy. If there is any delay for some reason, the employee will be informed by management accordingly.

公司执行"不上班就不发工资"的政策。如果需要延长工作时间,管理层将向员工发出相关的通知。

释义:在一份正规的雇用合同里,上述四项薪酬标准必须列明。如果某项可以不用支付,必须注明相关原因。例如,公司提供午餐,那么就不需要支付午餐补贴,可以在该栏注明 Lunch Provided(午餐由公司提供)。

9. PAYMENT OF TAXES(税收缴纳)

All income earned (salary, overtime and allowances) are subject to deductions of taxes in accordance with the Laws of Zambia in force from time to time. The employer shall be entitled to deduct from the employee's salary amounts due by law and any other amounts for which written authorization has been given by the employee, before paying the balance to the employee.

员工所获得的所有收入(工资、加班工资和补贴)都必须根据赞比亚法律的有关规定扣除税收。雇主应有权从员工的工资总额中扣除根据法律应该缴纳的金额,以及该员工通过书面授权的任何其他金额,之后把余额支付给员工。

释义： 在实际发放工资时，税收必须扣除，预支的工资额也必须扣除。必须注意的是，扣除的必须是"书面授权"的金额。如果某个当地员工向某个中方员工购买一个智能手机，并且口头承诺每月从工资中扣除 300 克瓦查，这就存在一定的风险，因为该员工到时可能否认过去的承诺。只有把口头承诺的内容变为白纸黑字，在法律上才能立于不败之地。

10. FUNERAL GRANT（葬礼补助）

In the event of the death of an employee, employee's spouse or registered biological child（up to 18 years old），the company shall provide the following in form of a funeral grant：

一旦员工、员工的配偶或经过注册的生物学意义的孩子（不超过 18 岁）死亡，公司应提供下列形式的葬礼补助：

①A standard coffin；

一副标准棺材；

②Cash grant of K1500；

1500 克瓦查的现金补助；

A death certificate is required and must be presented to management as soon as possible.

上述死亡证明必须尽快提交给公司管理层。

释义： 赞比亚没有中国那么完善的户口管理制度，因此在判断配偶和孩子身份方面存在一定的难度。在雇用正式员工之前，雇主必须要求该员工填报 NAPSA 登记表，列出该员工的家庭成员，其配偶和孩子是不是经过注册的，可以此为依据来判断。值得注意的另外一点是，当该员工的孩子超过 18 岁，就不适用于本条款的规定。

11. GRATUITY（退职金）

Gratuity will be paid at the successful completion of the contract at the rate of 25% of the annual basic pay. This amount will be paid on a pro rata basis should the employee's services be terminated for any reason other than summary dismissal or if the employee decides to resign.

本合同结束时，按照每年基本工资 25% 的比例支付退职金。如果员工的服务出于任何原因而被终止，则该金额应该按照（员工服务时间占本合同期限的）比例支付，但员工遭到立即开除的处分或者主动要求辞职的情形除外。

释义：①退职金在《雇用法典法》中属于强制性标准，但只适用于签订一年以上的长期劳动合同的正式雇员，在雇用合同中列入退职金的内容，有助于提高员工士气，调动其工作积极性。②对于处于试用期的雇员，或者签订一年或者不到一年的劳动合同的正式雇员，雇主有权不提供任何退职金。③对于签订一年以上的劳动合同的正式雇员，如果因触犯劳动纪律而遭到立即开除的处分，或者主动要求辞职，则雇主有权拒绝支付退职金。

12. ANNUAL LEAVE（年假）

The employee will qualify to accrue 2 days per full-month worked. Leave shall be granted after leave forms are filled in and approved by management. Saturday, Sunday and Public holidays are excluded from the leave calculation.

员工每工作一个完整的月份，可以累积 2 天的带薪假期。员工只有填报休假申请表，并且被公司管理层批准之后才能休假。在计算带薪假期时，星期六、星期天和公共假期必须排除在外。

释义：①根据 2019 年开始实施的《雇用法典法》，只要员工没有被雇主提前解除合同，或者主动要求辞职，那么每满一个完整的月份，就有权享受 2 天的带薪假期。②员工只有在工作满 12 个月之后，才能提出带薪休假计划；只有当带薪休假计划获得公司管理层的批准，才能享受带薪休假。③如果公司管理层不批准员工的带薪休假计划，则必须支付相应的带薪休假工资；④带薪假期的工资是低于正常工资的，如果某个员工的月工资为 1800 克瓦查，则 24 天带薪年假的应得工资计算公式为 24×1800÷26＝1662（克瓦查）。

13. SICK LEAVE（病假）

Sick leave shall be granted as per Zambian Law.

An employee who is unable to execute his duties due to illness or accident not occasioned by the employees default shall on production of a medical certificate from a registered medical practitioner or government medical institution shall be granted paid sick leave as follows:

– First 3 months (for long – term employment contract) will be full pay; thereafter

– Another 3 months (for long – term employment contract) on half pay; or

– First 26 days (for short – term employment contract) will be full pay; thereafter

– Another 26 days (for short – term employment contract) on half pay.

If the employee is still ill, then the employee upon recommendation of a medical practitioner will be medically discharged.

应当根据赞比亚法律来批准病假。

如果员工因为生病或非因自身过错导致的事故而无法履行其工作职责，需要提交一份经过注册的执业医生或者政府医疗机构出具的医疗证明时，应按照下列条件来批准带薪病假：

——前3个月（对于长期劳动合同）获得全额工资；之后

——后续3个月（对于长期劳动合同）获得半额工资。或者

——前26天（对于短期劳动合同）获得全额工资；之后

——后续26天（对于短期劳动合同）获得半额工资。

如果员工的疾病在此之后仍未痊愈，则根据执业医生的建议，雇主可出于医学原因辞退该员工。

释义：①对于员工提供的私人诊所出具的病假条，雇主可以不予认可。建议雇主指定某个医院作为出具病假条的指定医疗机构，以杜绝员工提供假冒病假条的现象；②对于感冒、咳嗽、疟疾之类的小病，每年可以规定享受病假待遇的时间不超过一定期限，目前大多数企业的做法是限定每年不超过26天；③只要按照法律规定出具合格的病假条，则员工有权享受带薪病假，而且休病假期间，应视同出勤；④如果雇主认为员工因长期患病而耽误了有关工作，必须在6个月（对于长期劳动合同）或者52天（对于短期劳动合同）之后，根据执业医生的建议，才能予以辞退。

14. COMPASSIONATE LEAVE（同情假）

The employee is entitled to paid compassionate leave with full pay for a period of at least twelve (12) days in a calendar year where that employee has—

(1) lost a spouse, parent, child or dependant registered with the employer; or

(2) a justifiable compassionate ground.

员工有权享受每个日历年度不少于 12 天的带薪同情假，如果员工存在下列情形：

(1) 向雇主注册的配偶、父母、孩子或被抚养人死亡；或者

(2) 具有值得同情的正当理由。

释义：①这是《雇用法典法》对于带薪同情假的明确规定。②在批准员工的同情假之前，雇主有权要求员工提供有关部门出具的死亡证明。

15. FAMILY RESPONSIBILITY LEAVE（家庭责任假）

If the employee has worked for a period of six months or more, he or she shall be granted the paid family responsibility leave, except that the employer may, before granting that leave, require the employee to produce a certificate from a medical doctor certifying that the spouse, child or dependant is sick and requires special attention.

(1) paid leave not exceeding seven days in a calendar year to enable the employee to nurse a sick spouse, child or dependant;

(2) paid leave three days per year to cover responsibilities related to the care, health or education for that employee's child, spouse or dependant.

如果员工工作了 6 个月或以上，他或她应获得带薪家庭责任假，但雇主在批准该假期之前，可以要求该员工出示医生的证明来证实其配偶、孩子或被抚养人生病和需要特别看护：

(1) 每个日历年度不超过 7 天的带薪假期，以便该员工照顾生病的配偶、孩子或被抚养人；

(2) 每年 3 天的带薪假期，以便该员工履行与孩子、配偶或被抚养人的关爱、医疗或教育有关的责任。

释义：①这是《雇用法典法》对于带薪家庭责任假的明确规定。②在批准员工的家庭责任假之前，雇主有权要求员工提供执业医生出具的诊断证明；③只有当员工为雇主工作 6 个月或以上时，才有权享受带薪家庭责任假。

16. MATERNITY LEAVE（产假）

Female employees are entitled to 14 weeks after 2 years continuous service with the employer and/or 2 years continuous service from the last maternity leave.

在为雇主连续服务两年之后，或者在上次产假之后又连续服务了两年，则女员工有权享受 14 个星期的产假。

释义：①这是《雇用法典法》规定的产假待遇；②女员工在入职 2 年之内生孩子，不能享受上述产假待遇。

17. NURSING BREAK（哺乳假）

A female employee who is nursing that employee's unweaned child, is entitled each working day, at a time convenient to the employee and having regard to the needs of the child, to at least—

(1) two nursing breaks of thirty minutes each; or

(2) one nursing break of one hour.

正在照顾尚未断奶的婴儿的女员工，每个工作日在该员工感到方便和婴儿具有需求的时刻，有权获得下列权利：

(1) 两次哺乳假，每次 30 分钟；或者

(2) 一次哺乳假，时间为 1 小时。

释义：①这是《雇用法典法》规定的特别条款，体现了对于正在照顾尚未断奶的婴儿的女员工的特别保护。②女员工享受这种假期的期限为，从生产孩子之日起持续 6 个月。

18. PATERNITY LEAVE（陪产假）

A male employee who remains in continuous employment for a period of twelve months immediately preceding the beginning of leave under this section is entitled to at least five continuous working days paternity leave, if —

(1) the employee is the father of the child;

(2) the employee has submitted to the employer a birth record of the child; and

(3) the leave is taken within seven days of the birth of a child.

在根据本条款享受有关假期之前已经连续工作 12 个月的男员工有权享受至少 5 个连续工作日的陪产假,须满足下列条件:

(1) 该员工是孩子的父亲;

(2) 该员工向雇主提交了孩子的出生登记卡;并且

(3) 在孩子出生后的 7 天内享受该假期。

释义:①这是《雇用法典法》规定的特别条款,体现了对男员工的特别保护。②男员工在享受这种带薪陪产假时,必须提交孩子的出生登记卡,证明孩子真实存在,并与该男员工具有父子或父女关系。③这种带薪陪产假只能在孩子出生后的 7 天内享受,过期失效。

19. MOTHERS DAY(母亲假)

All female staff is entitled to one day per month which is to be arranged with Management.

按照公司管理层的工作安排,所有女员工都有权享受每月一天的例假。

释义:①这是《雇用法典法》规定的特别条款,体现了对女员工的特别保护。②女员工在享受这种假期时,不必提供任何证明,但必须遵守公司管理层的工作安排。

20. REPATRIATION BENEFITS(遣散福利)

An employee together with the family of the employee shall be transported by the employer to the employees place of recruitment or paid a repatriation allowance by the employer equal to the current cost of travelling by public transport and the direct route to the employees place of recruitment if the employee:

– Is discharged on medical grounds; and

– Dies in service in which case the benefit shall accrue to the family of the deceased.

当员工出现下列情形时,雇主必须把员工及其家庭成员送到当初招募地点,或者向该员工支付一笔遣散补贴,使该员工及其家庭成员采取公共交通工具和直接路线能够返回当初招募地点：

——因医学原因而遭到辞退；

——在工作期间死亡，有关福利应归属死者的家庭成员。

释义：该条款是有法律依据的。

21. DEATH BENEFITS（死亡福利）

In case of death of an employee whilst in the service of the company, the employer shall pay accrued benefits to the next of kin of the deceased employee. This will be paid to a registered beneficiary or as per letter administration issued by the court.

万一员工在本公司工作期间死亡，雇主应把其应得福利支付给已故员工的亲属。这些福利应该支付给经过注册的受益人，或者有关法院宣布的遗产管理人。

释义：①该条款是有法律依据的；②死亡福利必须交给指定的受益人，否则死者的亲属之间将出现纠纷。

22. SEARCHING OF AN EMPLOYEE（对员工的搜身）

The employer reserves the right to randomly do a body search at any time by security officers or an accounts check at any time.

雇主保留在任何时间由保安人员对员工进行随机搜身或者账目审查的权利。

释义：①在经常出现盗窃的工作场所，雇主有必要保留这项权利；②把该条款列入雇用合同，有助于避免劳资争议。

23. EMPLOYERS OBLIGATIONS（雇主的义务）

（1）To maintain order, discipline and efficiency. Therefore it may be necessary to suspend, penalize or otherwise discharge an employee for proper cause.

维护秩序、执行纪律和确保效率。因此根据适当的理由，有必要对于某个员工进行停职、惩罚甚至开除。

（2）To establish policies and procedures and address human resource issues.

制定政策和程序，解决人力资源的相关问题。

（3）Provide protective clothing and safety on site.

在工作现场提供劳保服装和安全措施。

(4) Damage to protective clothing shall be borne by the employee.

损坏的劳保服装应由员工承担损失。

(5) To report all accidents to the relevant authority.

所发生的任何事故要向相关部门汇报。

释义：列明雇主的义务，可以避免潜在的劳资争议。

24. EMPLOYEES OBLIGATIONS（员工的义务）

(1) To adhere to all company regulations and all health and safety regulations provided by the employer at all times.

遵守所有公司的规定，以及雇主在任何时间制定的各种卫生和安全管理规定。

(2) To wear protective clothing issued by the employer at all times and take care of all clothing provided by the employer.

在任何时间都要穿上雇主提供的劳保服装，并且小心保管雇主提供的各种服装。

(3) To take responsible steps to maintain safety on site thereby protecting him/her from danger on site. To comply with site procedures, recommendations, guidelines and preventive measures that may apply with regard to health, safety and hygiene.

在工作现场采取负责任的措施来维护劳动安全，使他/她在工作现场免受伤害。遵守工作现场关于卫生和安全方面的工作程序、建议、指导方案和预防措施。

(4) Devote full attention to the employers business and be concerned with other interests in any other business except that of the employer.

集中精力关注雇主从事的业务，以及任何其他业务的其他利益。

(5) Maintain confidentiality of company information.

保守公司机密。

(6) Should familiarize with company procedure, rules and regulations and grievance and disciplinary procedure.

熟悉公司的程序、规则和管理规定、投诉程序和劳动纪律处分程序。

释义：列明雇主的义务，可以避免潜在的劳资争议。

25. TERMINATION OF EMPLOYMENT（雇用的终止）

Both parties may terminate this contract of employment as follows：

双方可以根据下列条件终止本雇用合同：

（1）During probation either party shall terminate the other in 24 hours' notice.

在试用期间，任何一方提前24小时通知对方，即可终止本合同。

（2）In the case of a confirmed employee either party shall give 1 months' notice or payment in lieu of notice.

如果员工转正之后，则任何一方须提前一个月通知对方，或者支付用于代替通知的等额工资。

（3）Summary dismissal does not require notice or payment in lieu of notice.

如果立即开除的话，则不需要通知或支付用于代替通知的等额工资。

释义：①简而言之，试用期解除合同需要提前一天通知，转正之后就必须提前一个月通知；②相关的劳动法规禁止无理由提前解除合同，但雇主找出适当理由来提前解除合同是允许的，并且遵守关于提前一个月通知或者支付用于代替通知的等额工资的规定。

26. VARIATION OF THE CONTRACT（合同的变更）

The employer may when appropriate, make amendments to the contract and the employee will be advised accordingly of the changes effected after consultation with the employee.

在适当的情形下，雇主在与员工进行协商之后，可以对本合同进行修订，而员工必须获得关于变更内容的相应通知。

释义：当雇主和员工协商一致后，雇用合同的部分内容是可以变更的。

27. VITAL STATISTICS（重要统计数据）

Full name（全名）：＿＿＿＿＿＿＿＿＿＿＿＿＿＿＿＿＿＿

Residential address（居住地址）：＿＿＿＿＿＿＿＿＿＿＿

Date of birth（出生日期）：＿＿＿＿＿＿＿＿＿＿＿＿＿＿

Village（隶属村庄）：_____

Chief（隶属酋长）：_____

Home district（老家所属地区）：_____

National registration card number（身份证号码）：_____

Place of recruitment（雇用地址）：_____

Signed at _____ on this _____ day of _____ in the presence of：

在下列人员的见证下，于_____年____月____日在_____地区签署：

Employer（雇主）_____

Employee（员工）_____

Witness（证人）_____

释义：留下员工的重要信息，用于归档。

6.5　最低工资法规要点

根据 2019 年赞比亚第 3 号法律《雇用法典法》的有关规定，政府将组建劳动咨询委员会（Labour Advisory Committee），其职能包括：

● 调查任何岗位或行业的工资和雇用条件，以便提出关于最低工资和雇用条件的建议；

● 对于任何团体的员工，至少每两年评估其最低工资和雇用条件，然后向劳动部长提出相关建议。

现行有效的部分行业最低工资法规为 2018 年 9 月劳动部长 Joyce Simukoko 签发的 2018 年第 69 号、70 号和 71 号法令，2020 年 12 月劳动部长 Joyce Simukoko 签发的 2020 年第 106 号法令，以及 2021 年 12 月劳动部长 Brenda Tambatamba 签发的 2021 年第 93 号法令，分别规定了家政工人、商店工人、普通工人、卡车和巴士司机的最低工资和雇用条件，其主要内容归纳如下：

1. 家政工人

表 6-4

岗位类别	月工资（克瓦查）				
	基本工资	住房补贴（30%）	交通补贴	午餐补贴	工资总额
家政工人（例如保姆、清洁工、园丁）	840	0	153.60	0	993.60

岗位类别	小时工资（克瓦查）				
	基本工资	住房补贴（30%）	交通补贴	午餐补贴	工资总额
家政工人（例如保姆、清洁工、园丁）	4.04		0.8		4.84
照顾生病的配偶、孩子和18岁以下家属的假期	每12个月不超过15个工作日，享受全额工资				
连续工作不少于12个月的男性家政工人的陪产假	5个连续工作日，无工资				
连续工作满2年的女性家政工人的产假	120个日历天数，享受半额工资				
患病或发生非因本人过错而导致的事故的家政工人的带薪病假	合同期内不超过1个月，享受全额工资				

2. 商店工人

表 6-5

岗位类别	月工资（克瓦查）				
	基本工资	住房补贴（30%）	交通补贴	午餐补贴	工资总额
1级：解开或者缠绕包装的工人、送货车助理（delivery vehicle assistant）、普通工人（general worker）、做杂事的工人（handy person）、办公室勤杂工（office orderly）、门卫（watch person）	1050.00	315.00	153.60	180	1698.60

第6章 劳动管理须知

续表一

岗位类别	月工资（克瓦查）			
^	基本工资	住房补贴（30%）	交通补贴	午餐补贴	工资总额
2级：客运或者货运电梯操作员、摩托车或者三轮车司机（driver）、销售助理（sales assistant）或包装员（packer）	1278.00	383.40	153.60	180	1994.40
3级：助理自行车装配员（assistant bicycle assembler）、助理派件员（assistant dispatch clerk）、持普通驾照（ordinary driving licence）上岗的机动车辆驾驶员（driver）、货架包装员（shelf packer）、鞋类修理员（shoe repairer）、裁缝助理（tailor's assistant）、橱窗设计师助理（window dresser's assistant）	1504.50	451.35	153.60	180	2289.10
4级：自行车装配员（bicycle assembler）、结账操作员（checkout operator）、需要持重型车辆驾照（heavy duty vehicle licence）或公共客运车辆驾照（public service vehicle licence）上岗的机动车辆驾驶员（driver）、电话接线员（telephone operator）、打字员（typist）、图片成帧员（picture framer）	1629.00	488.70	153.60	180	2451.30

— 149 —

续表二

岗位类别	月工资（克瓦查）			
	基本工资	住房补贴（30%）	交通补贴	午餐补贴	工资总额
5级：派件员（dispatch clerk）、记账员（ledger clerk）、成本记录员（costing clerk）、订单处理员（order person）、销售员（sales person）、裁缝（tailor）、沙发修理工（upholsterer）	2031.00	609.30	153.60	180	2973.90
6级：视听设备修理工（audio visual equipment repairer）、设备操作员（machine operator）、手表修理工（watch repairer）	2167.50	650.25	153.60	180	3151.35
7级：信用管理员（credit controller）、主管（supervisor）、橱窗设计师（window dresser）、速记打字员（shorthand typist）、收银员（cashier）	2380.50	714.15	153.60	180	3428.23
8级：簿记员（book keeper）	2481.00	744.30	153.60	180	3558.90
照顾生病的配偶、孩子和18岁以下家属的假期	每12个月不超过15个工作日，享受全额工资				
连续工作不少于12个月的男性雇员的陪产假	5个连续工作日，无工资				
连续工作满2年的女性雇员的产假	120个日历天数，享受全额工资				

续表三

岗位类别	月工资（克瓦查）					
	基本工资	住房补贴（30%）	交通补贴	午餐补贴	工资总额
试用期员工的带薪病假	试用期内不超过 26 个工作日，享受全额工资					
签订固定期限合同的员工的带薪病假	前三个月享受全额工资，后三个月享受半额工资					
每天 18：00 至次日 6：00 工作的员工的额外补贴	按相关岗位小时工资的 15% 支付值班补贴（shift differential）					
国内出差过夜的生活补贴（Subsistence Allowance）	每个晚上 195 克瓦查					
雇员、雇员配偶和注册子女死亡时的抚恤金	一副标准棺材和 1500 克瓦查的现金补贴					

3. 普通工人

表 6-6

岗位类别	月工资（克瓦查）					
	基本工资	住房补贴（30%）	交通补贴	午餐补贴	工资总额
1级：普通工人（general worker）、清洁工（cleaner）、做杂事的工人（handy person）、办公室勤杂工（office orderly）、加油站服务员（service station attendant）	1050.00	315.00	153.60	180	1698.60
2级：门卫（watch person）或者保安员（guard）	1050.00	315.00	153.60	180	1698.60
3级：助理销售员（assistant sales person）、包装员（packer）或书本装订员（book binder）	1278.00	383.40	153.60	180	1994.40

续表一

岗位类别	月工资（克瓦查）				
^	基本工资	住房补贴（30%）	交通补贴	午餐补贴	工资总额
4级：机动车辆驾驶员（driver）、加油机服务员（pump attendant）	1503.00	450.90	153.60	180	2286.60
5级：打字员（typist）、前台服务员（receptionist）、电话接线员（telephonist）	1629.00	488.70	153.60	180	2451.30
6级：销售员（sales person）	2031.00	609.30	153.60	180	2973.90
7级：合格文员（qualified clerk）	2167.70	650.31	153.60	180	3151.61

岗位类别	小时工资（克瓦查）				
^	基本工资	住房补贴（30%）	交通补贴	午餐补贴	工资总额
1级：普通工人（general worker）、清洁工（cleaner）、做杂事的工人（handy person）、办公室勤杂工（office orderly）、加油站服务员（service station attendant）	5.48	1.64	0.80	0.94	8.86
2级：门卫（watch person）或者保安员（guard）	5.48	1.64	0.80	0.94	8.86
3级：助理销售员（assistant sales person）、包装员（packer）或书本装订员（book binder）	6.14	1.84	0.80	0.94	9.72

第6章 劳动管理须知

续表二

岗位类别	小时工资（克瓦查）			
	基本工资	住房补贴（30%）	交通补贴	午餐补贴	工资总额
4级：机动车辆驾驶员（driver）、加油机服务员（pump attendant）	7.28	2.18	0.80	0.94	11.20
5级：打字员（typist）、前台服务员（receptionist）、电话接线员（telephonist）	8.49	2.55	0.80	0.94	12.78
6级：销售员（sales person）	9.76	2.93	0.80	0.94	14.43
7级：合格文员（qualified clerk）	11.53	3.46	0.80	0.94	16.73
照顾生病的配偶、子女和18岁以下家属的假期	每12个月不超过15个工作日，享受全额工资				
连续工作不少于12个月的男性雇员的陪产假	5个连续工作日，无工资				
连续工作满2年的女性雇员的产假	120个日历天数，享受全额工资				
连续工作不少于6个月的员工的带薪病假	前三个月享受全额工资，后三个月享受半额工资				
当天18：00至次日6：00工作的员工的夜班补贴（shift differential）	按1级和2级岗位小时工资的15%支付夜班补贴（shift differential），即每12个小时9.86克瓦查				
国内出差过夜的生活补贴（Subsistence Allowance）	每个晚上250克瓦查				
雇员、雇员配偶和注册子女死亡时的抚恤金	一副标准棺材和1500克瓦查的现金补贴				

4. 卡车和巴士司机

表 6-7

岗位类别	月工资（克瓦查）					
	基本工资	住房补贴	交通补贴	午餐补贴	工资总额
卡车司机（指获准为他人运送货物的卡车司机）	3000	900	153.6	180	4233.6
巴士司机（指获准载运 40 名乘客或更多的巴士司机）	2200	660	153.6	180	3193.6
连续服务 6 个月的司机应享受的带薪休假	每月两天的全额工资，以及一个月基本工资的假期补贴				
携带自身工具上班的司机应享受的补贴	每月 80 克瓦查				
载运超载或危险货物的卡车司机应享受的风险补贴	如果从事国内运输，每公里 15 恩圭（Ngwee）；如果从事国际运输，每公里 8 恩圭（Ngwee）				
国内出差过夜的生活补贴（Subsistence Allowance）	如果卡车没有可供睡觉的隔间，每个晚上 300 克瓦查；如果卡车有可供睡觉的隔间，每个晚上 100 克瓦查				
出国执行任务的跨境生活补贴（Cross Border Subsistence Allowance）	如果卡车没有可供睡觉的隔间，或者雇主没有提供食宿条件，或者雇主不报销食宿费用，每个晚上 25 美元；如果卡车有可供睡觉的隔间，每个晚上 15 美元				
司机、司机配偶和注册孩子死亡时的抚恤金	一副标准棺材和 1500 克瓦查的现金补贴				

6.6 国家养老金保险和医疗保险计划的比较

根据有关法律，任何企业和机构都必须强制加入国家养老金保险和医疗保险计划，两者的比较如下：

6.6.1 管辖法律

国家养老金保险计划的管辖法律为 1996 年第 40 号法律《国家养老金

计划法（National Pension Scheme Act）》，国家医疗保险计划的管辖法律为 2018 年第 2 号法律《国家医疗保险法（National Health Insurance Act）》。

6.6.2 实施日期

根据有关法律，国家养老金保险计划从 1996 年 12 月 12 日开始实施，而国家医疗保险计划从 2019 年 10 月 1 日开始实施。

6.6.3 管理机构

国家养老金保险计划的管理机构为国家养老金计划管理局（National Pension Scheme Authority，简称 NAPSA），而国家医疗保险计划的管理机构为国家医疗保险管理局（National Health Insurance Management Authority，简称 NHIMA）。

6.6.4 覆盖范围

国家养老金保险计划的覆盖范围几乎为所有雇员，不管是赞比亚籍还是外籍雇员，不管在政府部门还是私营企业工作，但下列四类人员除外：

第一，每月工资总额低于 15 克瓦查；

第二，雇主的配偶；

第三，与雇主经常共同居住的家庭成员；

第四，国际组织的外籍雇员。

国家医疗保险计划的覆盖范围为所有赞比亚公民和既定的居民（指 1964 年 10 月 24 日赞比亚独立建国时已经在赞比亚居住的外籍人员），不管是参加工作的公民，还是自雇的公民，不管是已经退休的公民，还是尚未退休的公民。由此可见，除了极少数例外情形，外籍雇员无须加入国家医疗保险计划。

6.6.5 缴费主体

国家养老金保险计划的缴费主体是雇主，而国家医疗保险计划的缴费主体则有三类，分别为给雇员缴费的普通雇主、给自己缴费的自雇雇主、给退休人员缴费的养老基金管理机构。

6.6.6 缴费标准

国家养老金保险计划的缴费标准为雇员月工资总额的10%，其中5%可从雇员月工资总额中予以扣除，5%由雇主配套提供。

国家医疗保险计划的缴费标准为雇员月基本工资的2%，其中1%可从雇员月工资总额中予以扣除，1%由雇主配套提供。

6.6.7 缴费截止期限

国家养老金保险和医疗保险计划的缴费截止期限均为下一个月10日。凡是在下一个月10日之后缴纳养老金或者医疗保险费用，都需要缴纳滞纳金。

6.7 关于退职金（Gratuity）的解读

从2019年5月10日开始实施的赞比亚新劳动法出现了一个十分重要的新名词：退职金，这是大多数员工应享受的福利待遇之一。然而，由于许多中资企业的老板或相关业务负责人对于该名词的含义存在或多或少的误解，与此相关的劳资纠纷案件正在逐渐上升。通过研读赞比亚新劳动法有关条款，并且咨询赞比亚有关机构负责人或者相关领域专家的意见，我对退职金进行了初步的研究与分析，现将有关结果整理如下：

6.7.1 Gratuity 应该如何翻译成中文

Gratuity 在英文中有"赏金、小费"的意思，是因获得某项服务或者优待而支付的资金。过去的赞比亚劳动法规没有关于 Gratuity 的强制性规定，但在实践中由劳动主管部门颁发了推荐性标准，即员工每干满一年，雇主向其发放该年基本工资总额的10%～25%作为 Gratuity，大致相当于每年发放1～3个月基本工资。在那个时期，Gratuity 翻译成"赏金、小费"是比较适当的，因为发不发、多发还是少发 Gratuity，雇主具有自由裁量权，也就是雇主说话算数。

但是赞比亚新劳动法把有关员工应得的 Gratuity 纳入强制性规定，并且明确为年基本工资总额的 25%，也就是说，符合条件的员工每干满一年，有权要求雇主额外支付 3 个月基本工资作为补偿。在这种情况下，如果把 Gratuity 继续翻译成"赏金、小费"就有误导的嫌疑，因为赞比亚新劳动法已经剥夺了雇主的自由裁量权：雇主必须发 Gratuity，而且不得低于法定的标准。有鉴于此，我们不妨把 Gratuity 理解为"法定赏金、法定小费"。

从新劳动法有关条款的规定来看，Gratuity 是员工因各种原因与雇主终止雇用关系时所获得的资金。从这个角度来看，把 Gratuity 翻译成"遣散费"或者"离职金"是合适的。然而，新劳动法还有一个含义更广的名词：Severance Pay，似乎翻译成"遣散费"或者"离职金"更加合适，因为 Gratuity 只是 Severance Pay 的一部分。

综合上述因素，我还是把 Gratuity 翻译成退职金，但在实践中也可以理解为"法定赏金、法定小费"。

6.7.2　哪些员工有权获得退职金

新劳动法关于退职金（Gratuity）的名词解释为：在长期雇用合同到期时，雇主必须向员工支付的与其服务年限有关的资金，其计算基础为员工为雇主服务期间所累计的基本工资。

如果仅仅以上述名词解释为判断依据，似乎只有签订了长期雇用合同的员工才有权获得退职金。

然而，新劳动法第 54（1）（c）条规定：当固定期限（Fixed Duration）的雇用合同被终止时，离职金（Severance Pay）应为退职金（Gratuity），其标准为该员工在合同期间所获得的基本工资总额的不低于 25%，截止到合同终止的生效日期。如果按照上述条款来判断，凡是签订固定期限的雇用合同的员工都有权获得退职金，不管是有效期只有几个月乃至一年的短期合同还是在一年以上的长期合同。

有人曾经就这个问题咨询过赞比亚劳动部的相关法务专家，该专家承认新劳动法在退职金的规定方面存在一些漏洞，但他认为，一旦因拒付退职金而被签订短期雇用合同的员工告上法庭，雇主要胜诉是十分困难的。他提出的辩护理由包括，新劳动法没有任何条款明确规定签订短期雇用合同的员工无权获得退职金，相反，第54（1）（c）条明确规定，所有固定期限的雇用合同到期时，员工都有权获得退职金。雇主只能以退职金的名词解释存在瑕疵为自己拒付退职金的做法进行辩护。但雇主的辩护理由难以对抗新劳动法的明文规定，也就很难被法官采纳。

6.7.3 哪些员工无权获得退职金

新劳动法第54（3）条规定："本条款规定的离职金不应支付给临时雇员、替班雇员、按照长期合同雇用的雇员，或者处于试用期的雇员。"如何理解该条款的含义，让我们分门别类进行解释。

1. 临时雇员（Casual Employee）

根据新劳动法的名词解释，临时雇员是指受雇从事临时工作的员工，在受雇期限内按照小时工资来支付报酬，包括额外酬金（Casual Loading），在每天结束时支付报酬，每次受雇期限不超过24小时。也就是说，临时雇员是每天结算工资的，干一天活，拿一天钱，因此不必支付离职金（Severance Pay）。

如果有人想钻新劳动法的空子，把长期的工作任务"化整为零"，聘请临时雇员来工作，每天结算工资，以为这样做可以避免支付"离职金"或"退职金"，那就大错特错了。首先，这种做法有可能被劳动主管部门判定为违法行为而遭到处罚；其次，按照新劳动法的规定，临时雇员固然无权获得离职金，但有权获得额外酬金，即按照小时工资的25%支付的额外的每小时报酬。根据现行有效的最低工资法规，普通工人的最低小时工资为5.48克瓦查。新劳动法开始实施之后，雇主应向临时雇员支付的最低小时工资为5.48×（1+25%）=6.85（克瓦查）。

2. 替班雇员（Temporary Employee）

根据新劳动法的名词解释，"替班雇员"指在正式雇员缺席的情况下，按照有关雇用合同受雇从事应急工作。因此，替班雇员是临时接替正式雇员的工作岗位的，事先谈好干多长时间、拿多少工资，时间一到，自动走人，因此不必支付离职金。

3. 按照长期合同雇用的员工（Employee Engaged on A Long-term Contract）

新劳动法的名词解释和有关条款都规定，签订了长期雇用合同的员工适用于每年3个月基本工资的退职金。因此，上述条款把这种员工排除在享受离职金的行列之外，丝毫不影响这种员工应得的福利待遇。

4. 处于试用期的雇员（Employee Serving A Period of Probation）

新劳动法规定，雇主有权对于新入职的员工规定3个月到6个月的试用期。如果该员工在试用期内被雇主辞退，那么雇主不必支付离职金；如果该员工在试用期满后转正，那么试用期将被纳入其工作年限在将来统一考虑其退职金或离职金。试用期是一个双向选择的过程，雇主或者员工提前24小时通知对方，就可以炒掉对方的"鱿鱼"。

6.7.4 退职金应按什么标准来计算

当一份固定期限的雇用合同被终止时，雇主应向员工支付与其受雇期间成比例的退职金（Gratuity），其计算标准为每干满一年，获得年基本工资总额的25%作为退职金，大致相当于三个月的基本工资。如果不满一年，则按已经工作的天数占全年的比例来支付相应的基本工资。例如，如果满2个月，可以支付半个月的基本工资；如果满4个月，可以支付1个月的基本工资；满6个月，可以支付1.5个月的工资；满8个月，可以支付2个月的基本工资；满10个月，可以支付2.5个月的基本工资。

除此之外，下列两点也要值得注意：

第一，如果员工在受雇期间获得加薪，则在合同终止时应得的退职金应进行逐年计算，然后进行汇总。例如，员工的基本工资在连续三个年度里分别为2000克瓦查、2500克瓦查和3000克瓦查，则在合同终止时该员工应获得的退职金为：2000×3+2500×3+3000×3＝22500（克瓦查）；员工在某个年度里有9个月的基本工资为2000克瓦查，3个月的基本工资为2500克瓦查，则当年应得的退职金为（2000×9+2500×3）×25%＝

6375（克瓦查）。

第二，如果员工在入职过程中经历了试用期，那么试用期也必须纳入工作时间来计算退职金。许多中资企业负责人倾向于按照转正以后的工作时间来计算员工的退职金，其实这种做法是违反有关劳动法规的。

6.7.5 退职金应在什么情形下发放

新劳动法第73（2）条规定，当员工的雇用合同被依法终止时，雇主应当向其支付与受雇期间成比例的退职金。

一般来说，雇用合同被依法终止包括下列七种情形：

第一，合同到期；

第二，员工主动辞职；

第三，员工不辞而别；

第四，员工在受雇期间死亡；

第五，雇主因病辞退员工；

第六，雇主按照劳动纪律开除员工；

第七，雇主进行裁员。

根据新劳动法有关条款的规定，当出现上述第四种和第七种情形而导致雇用合同被提前终止，则相关员工只能获得每年两个月基本工资的离职金（Severance Pay），而不是通常意义的退职金（Gratuity）。除此之外，当合同到期、员工主动辞职、员工不辞而别、雇主因病辞退员工、雇主按照劳动纪律开除员工时，员工都应获得与受雇期间成比例的退职金。

2019年7月28日，应赞比亚华侨华人总会铜带省分会的邀请，赞比亚劳动部时任劳动专员、现任常秘Chanda Kaziya在铜带省基特韦市举行关于新劳动法的讲座时明确表示，当签订固定期限的劳动合同的员工主动辞职、不辞而别或者雇主按照劳动纪律开除员工时，雇主不需要支付任何退职金。我们在实践中可以参考该官员的建议，但严格来说，他的建议并没有充分的法律依据。

6.8 关于2020年劳动法豁免条例的解读

6.8.1 背景介绍

赞比亚新劳动法的法定名称为2019年第3号法律《雇用法典法》（Employment Code Act），在一年的过渡期结束之后，本应从2020年5月12日开始全面实施。然后，由于新冠肺炎疫情的暴发，以赞比亚雇主协会（ZFE）为代表的有关方面纷纷投诉这部即将全面实施的新劳动法对于雇主过于苛刻，有可能使苦苦挣扎的雇主陷入破产的境地。于是，赞比亚劳动部长Joyce N. Simukoko在与赞比亚雇主协会（ZFE）、赞比亚工会联合会（ZCTU）等有关方面进行协商之后，颁布了一个法令，允许新劳动法的部分条款暂时不适用于相关人员。

6.8.2 法令名称

本法令的名称为《2020年雇用法典（豁免）条例》。

6.8.3 有效期

本法令是2020年5月8日由劳动部长Joyce N. Simukoko发布的，因此自发布之日起生效，直至未来出现替代性的新法令。

6.8.4 名词解释

1. 新劳动法的规定："授权官员（Authorised Officer）"指劳动专员（Labour Commissioner）或劳动官员（Labor Officer）。

解读：赞比亚劳动和社会保障部只有为数不多的劳动专员，因此我们平常接触得最多的政府官员是劳动官员。

2. 新劳动法的规定："雇用合同"指根据雇主和雇员之间的雇佣关系而建立的合同，不管是明示的还是隐含的，如果是明示的，不管是口头或者书面的。

解读： 新劳动法拓宽了雇用合同的含义。根据新劳动法的上述定义，口头合同属于明示合同之一，甚至隐含的合同也可以称为雇用合同。因此，不良雇主再也不能以没有签订雇用合同为借口来逃避其应尽的义务。

3. 新劳动法的规定："雇员"指为了获取工资或佣金而签订雇用合同的人员，包括临时雇员，以及根据《学徒法》（Apprenticeship Act）签订学徒合同的人员，但是不包括独立承包商或者受雇从事计件工作的人员。

解读：（1）新劳动法把受雇从事计件工作的人员排除在"雇员"之外，如果某些工作任务可以计件，例如搬运物资，最好跟有关人员签订承包合同，以便贯彻"多劳多得"的原则；（2）新劳动法把签订学徒合同的人员也包括为"雇员"，有可能要为学徒制定专门的最低工资标准；（3）临时雇员是每天结算工资的，在劳动部颁布的最低小时工资之外有权获得额外酬金（Casual Loading）。

4. 新劳动法的规定："雇主"指为了获取服务而签订雇用合同的人员，包括中间人、代理人、获得授权来管理受雇人员的工长或者经理。

解读： 新劳动法拓宽了对于"雇主"的定义，不仅包括公司董事，而且把直接管理当地工人的工长或者经理都纳入其中。然后，在享受"美名"的同时，工长或者经理也要承担违反劳动法规的责任，可能是罚款，也可能是坐牢。

5. 新劳动法的规定："退职金"指长期的雇用合同到期时，雇主支付给雇员，并且与雇员服务年限挂钩的报酬，这种报酬基于雇员在服务期限内累计获得的基本工资。

解读：（1）根据上述定义，似乎"退职金"只适用于签订长期雇用合同的全职员工，也就是签署有效期比 12 个月多 1 天的雇用合同的全职员工。然而，根据新劳动法的其他条款规定，即使是雇用合同有效期比 12 个月少 1 天，在合同解除时也要支付"退职金"。（2）"退职金"的计算标准是基本工资（Basic Pay），而不是全额工资（Full Pay）。

6.8.5　所有雇员豁免执行第 36 条

第 36 条是关于年假（Annual Leave）的规定，其内容如下：

（1）为同一个雇主连续工作 12 个月的雇员，不包括替班或临时雇员，应在该雇员继续受雇的下一个 12 个月期间，获准得到享受全额工资的年假，其额度为每个月至少 2 天。

（2）上述第 1 条提到的假期是在任何法律、协议或惯例规定的任何公共假日或每周休息日之外的假期。

（3）每年年初，在咨询雇员的意见之后，雇主应制订年假计划，规定本机构的雇员享受该条款规定的假期的具体日期。

（4）如果雇主不批准雇员享受年假，或者雇主批准雇员享受的年假天数少于按照本条款累计的天数，则在雇员连续工作的 12 个月结束时，雇主应向雇员支付有关假期的工资。

（5）尽管存在第 1 条，雇主在获得雇员同意的条件下可以向雇员支付工资来代替雇员按照本条款累计获得的任何年假，如果雇员的雇用合同被终止或者到期，对于该雇员累计获得的任何假期，雇主应向该雇员支付累计假期的工资。

解读：本法令要求所有雇员豁免执行第 36 条，意味着从本法令颁布之日起，雇主不再按照本条款，而是按照现行有效的《2011 年最低工资和雇用条件（普通）法令》等系列法规的相关规定向雇员安排休假计划或者支付休假工资。

6.8.6　所有雇员豁免执行第 37 条

第 37 条是关于年假福利金的规定，其内容如下：

雇员应按照本法律第 5 个附表规定的计算公式获得年假福利金，除非当事方达成了对于雇员更加有利的协议。

年假福利金 =（每月的全额工资）× 累计年假天数 ÷ 26 天

解读：本法令要求所有雇员豁免执行第 37 条，意味着从本法令颁布之日起，雇主不再按照本条款，而是按照现行有效的《2011 年最低工资和雇用条件（普通）法令》等系列法规的相关规定计算员工的年假福利金。

6.8.7　符合条件的雇主豁免执行第 48 条

第 48 条是关于强制休假（Forced Leave）的规定，其内容如下：

（1）当雇主要求雇员进行强制休假，雇主应在强制休假期间向雇员支付基本工资。

（2）部长可以通过颁布法令（Statutory Instrument）来规定雇员必须强制休假的情形。

解读：（1）如果雇主按照本法令的规定向授权官员提交有关文件，并且授权官员经过评估有关文件之后认定雇主处于财务危机状态，则可以豁免执行第48条的规定，也就是说，当雇主处于财务危机之时，可以要求雇员进行强制休假，并且一分钱的工资也不用发给雇员；（2）迄今为止，劳动部长仍未颁布相关法令来规定雇主在什么情形下可以要求雇员强制休假，这意味着雇主可以根据企业经营的实际需要，要求雇员强制休假；（3）在强制休假期间，只要雇主向雇员发放基本工资，就是符合新劳动法的做法。

6.8.8 部分雇员豁免执行第54（1）（b）、第54（1）（c）条

第54条是关于离职金（Severance Pay）的规定，其相关内容如下：

（1）当雇员的雇用合同被终止或者到期时，雇主应按照下列方式向雇员支付离职金：

（b）当雇用合同是固定期限的，离职金要么为退职金，其标准为该雇员在合同期间所获得的基本工资的不低于25%，要么为该雇员加入的相关社会保障计划所提供的退休福利金；

（c）当固定期限的雇用合同被终止时，离职金应为退职金（gratuity），其标准为该雇员在合同期间所获得的基本工资总额的不低于25%，截止到合同终止的生效日期；

解读：（1）第54（1）（b）、第54（1）（c）条规范雇用合同自动到期、依法到期或者提前终止等情形下雇员应获得的离职金发放标准。根据第54条的规定，雇主必须按照该雇员在合同期间所获得的基本工资的不低于25%的标准来发放离职金，也就是每年要额外发放3个月基本工资，如果不满一年，则按比例发放。（2）根据本法令，外籍员工和处于管理层的赞比亚籍员工不再有权享受离职金，从而大大减轻雇主的财务负担。

6.8.9 符合条件的雇主豁免执行第55（2）条

第55（2）条是关于雇主裁员程序的规定，其内容如下：

（2）当雇主准备以裁员为理由而终止雇用合同时，雇主应：

（a）提前不少于30天通知雇员或者雇员代表关于即将进行的裁员行动，并通知雇员代表受到影响的雇员数量，如果即将受到影响的雇员数量超过一个，以及准备采取的终止雇用合同的期间；

（b）给雇员或者雇员代表提供一个机会来协商可以采取的减少终止雇用合同和对雇员带来不利影响的措施；

（c）在终止雇用合同的不少于60天之前，通知授权官员（Authorised Officer）即将因裁员而终止雇用合同的消息，并且向授权官员提交下列信息：

（i）因裁员而终止雇用合同的原因；

（ii）有可能受到影响的雇员类别数量；

（iii）裁员行动即将实施的期间；

（iv）裁员补偿方案的性质。

解读：（1）如果雇主按照本法令的规定向授权官员提交有关文件，并且授权官员经过评估有关文件之后认定雇主处于财务危机状态，则可以豁免执行第55（2）条的规定，也就是说，当雇主处于财务危机之时，可以立即进行裁员，而不必履行烦琐的报备和协商程序，但是提前60天报备裁员计划的期间，雇员应得的工资一分钱也不能少；（2）在正常情况下，如果雇主要采取裁员措施，首先，在终止雇用合同的不少于60天之前，雇主要向劳动官员提交关于即将实施的裁员措施的书面报告；其次，在终止雇用合同的不少于30天之前，雇主要向相关雇员或者雇员代表（如果计划裁减的雇员不止一个）通知裁员的数量和实施时间；最后，雇主要与相关雇员或者雇员代表坐下来协商如何减少裁员带来的不利影响的解决方案，包括雇员自愿减薪、减少上班时间等。

6.8.10 部分雇员豁免执行第73条

第73条是关于退职金的规定，其内容如下：

(1) 当雇员的长期雇用合同到期时，雇主应向雇员支付在合同期间所获得的基本工资的不低于 25% 的退职金；

(2) 当雇员的雇用合同按照本法律的有关规定被终止时，则雇员应根据受雇期限来按比例获得退职金。

解读：第 73 条规范长期雇用合同自动到期或依法提前终止的情形下雇员应获得的退职金发放标准。根据该条的规定，雇主必须按照该雇员在长期雇用合同期间所获得的基本工资的不低于 25% 的标准来发放退职金，也就是每年要额外发放 3 个月基本工资，如果不满一年，则按比例发放。然而根据本法令，下列雇员将不再有权享受退职金，从而大大减轻雇主的财务负担。

(a) 外籍雇员；

(b) 处于管理层并签订了提供退职金的书面合同的赞比亚籍雇员；

(c) 从事农业的雇员；

(d) 从事家政行业的雇员。

6.8.11 部分雇员豁免执行第 75 条

第 75 条是关于加班工资（Overtime）的规定，其内容如下：

(1) 尽管存在第（2）条，对于雇员每周超过 48 小时的工作时间，雇主应按照该雇员的小时工资的一倍半来支付这部分工资；

(2) 对于巡夜人或者门卫每周超过 60 小时的工作时间，雇主应按照该巡夜人或者门卫的小时工资的一倍半来支付这部分工资；

(3) 对于在公共假日和每周轮休日工作的雇员，并且公共假日和每周轮休日不属于该雇员的每周正常工作时间的一部分，则雇主应按照其小时工资的双倍来支付这部分工资；

(4) 在计算某雇员某月的小时工资时，雇主应把该雇员当月实际收到的基本工资除以下列时间：

(a) 除了巡夜人和门卫之外的全职工作雇员，208 小时；

(b) 全职工作的巡夜人和门卫，240 小时。

解读：①长期以来，赞比亚劳动法都是把外籍雇员和处于管理层的赞比亚籍雇员排除在享受加班工资的行列之外的，然而，在 2019 年颁布和 2020 年全面实施的新劳动法中，这两类雇员也被纳入享受加班工资的行列，从而增加了雇主的财务负担；②根据本法令，外籍雇员和处于管理层的赞比亚籍雇员不再有权享受加班工资，将大大减轻雇主的财务负担。

6.8.12　其他

本法令对新劳动法的 7 条提出了豁免规定，其中 5 条无须申请，可以直接执行，而第 48 条和第 55（2）条则必须由有关雇主向授权官员提出豁免申请，只有当授权官员评估有关文件并且批准豁免申请之后，雇主才能豁免执行这两条的相关规定。换句话说，只有当授权官员认定有关雇主确实陷入财务危机之中，才能批准其豁免执行第 48 条关于强制休假期间工资标准和第 55（2）条关于裁员程序的有关规定。

为了促使授权官员认定有关雇主处于财务危机，从而批准该雇主豁免执行上述两条的有关规定，则下列文件必须提交给授权官员：

（1）当前季度、上一个季度的税务申报表，以及考虑到营业额下降因素在内的未来若干季度的税务申报预测表；

（2）显示有关业务出现暂停或萎缩，以及对于营业额带来冲击的相关文件；

（3）显示雇主出现现金紧张或财务危机状况的未来一段时间的现金流量预测表；

（4）过去一段时间经过审计的财务报表；

（5）所有员工的工资单。

6.9　关于带薪休假（Paid Leave）的解读

赞比亚劳动管理中经常遇到的难题之一是带薪休假（Paid Leave）或者年假（Annual Leave），现行有效的相关法规是 2011 年第 1 号法令《最低工资和雇用条件（商店工人）法令》、2011 年第 2 号法令《最低工资和雇用条件（普通）法令》、2011 年第 3 号法令《最低工资和雇用条件（家政工人）法令》、2020 年第 106 号法令《最低工资和雇用条件（卡车和巴士司机）法令》。

　　根据这些法规相关条款的规定，只要某员工为同一个雇主连续工作满 6 个月，则雇主应向该员工提供不少于每月两天的享受全额工资的假期，并且在休假之前获得相当于一个月基本工资的假期补贴（Holiday Allowance）。如果雇主未能安排该员工进行休假，则应向该员工支付规定的带薪休假福利金，包括休假工资和假期补贴。

　　然而，关于带薪休假的规定曾经令许多人感到困惑。这是因为，《2019 年雇用法典法》从 2019 年 5 月开始实施之后，员工享受年假的条件从连续工作满 6 个月提高到连续工作满 12 个月，但是在相关附件中列出的关于年假工资的计算公式却是错误的。根据《2019 年雇用法典法》第 36 条的规定，年假工资的计算公式应当为（每月的全额工资×累计的年假天数）÷26 天，然而该法律第 5 个附件却把计算公式误写成（每月的全额工资×累计的年假天数）×26 天。如果严格按照该附件的公式来计算和发放年假工资，那么几乎所有的雇主都将进入破产行列。

　　时任劳动部长 Joyce Simukuku 于 2020 年 5 月 8 月签署《2020 年雇用法典（豁免）条例》，允许雇主免于执行、员工免于适用《2019 年雇用法典法》涉及年假的第 36 条和第 37 条的规定，包括出现错误的计算公式。2021 年 1 月 29 日，铜带省谦比希地区某中资企业负责人写信给赞比亚劳动部，要求对于《2020 年雇用法典（豁免）条例》涉及年假的相关规定进行澄清。2021 年 3 月 23 日，时任劳动专员 Givens Mutengwa 给该企业负责人回复函件，承认"第 36 条和第 37 条已被中止执行，或者说成为冗余条款，以至于关于年假的规定内容为劳动合同或集体协议的有关条款"。于是，许多人都认为，关于带薪休假或者年假的内容不再是雇主必须强制执行的法定条款，而是雇主和员工之间通过谈判确定的合同条款；如果劳资双方签订的劳动合同或者集体协议不涉及带薪休假或者年假的内容，则雇主不必向员工支付带薪休假或者年假。

　　然而，在实际操作中，赞比亚劳动管理部门对于没有涉及带薪休假或者年假的劳动合同却没有统一的态度，因时、因地甚至因人而异，有的官员同意盖章鉴证，也有的官员拒绝盖章鉴证。2021 年 12 月 23 日，时任劳动专员 Givens Mutengwa 却在一份声明中推翻了自身的指导意见，认为尽管《2019 年雇用法典法》涉及年假的第 36 条和第 37 条被中止执行，但是涉及年假累计和计算方式的《2011 年最低工资和雇用条件（普通）法令》等系列法规仍然有效，因此雇主仍然必须向符合条件的员工安排带薪休假或者年假，或者支付休假期间的工资。

通过研究有关法律法规的原文，我们发现 2011 年第 1 号法令《最低工资和雇用条件（商店工人）法令》、2011 年第 2 号法令《最低工资和雇用条件（普通）法令》、2011 年第 3 号法令《最低工资和雇用条件（家政工人）法令》的上位法是 1982 年制定的《最低工资和雇用条件法》，而该法律在《2019 年雇用法典法》已经被废止。当上位法已经被废止，下位法能不能继续实施，这是一个法律问题，更是一个实践问题。从劳动专员 Givens Mutengwa 出台态度迥异的两次指导意见，我们不难发现劳动部门对于这个问题也是摇摆不定的。鉴于赞比亚属于英美法系的国家，这个问题要分清谁是谁非，只有通过法官对于相关诉讼案件的判决书才有可能实现。

在实际操作中，我们倾向于按照劳动专员 Givens Mutengwa 的最新指导意见，雇主应向员工累计年假天数和计算年假工资。令人感到遗憾的是，《2019 年雇用法典法》规定，员工只有为同一个雇主连续工作满 12 个月之后才能有权享受年假，目前该规定已被中止执行；《2011 年最低工资和雇用条件（普通）法令》等系列法规规定，员工只要为同一个雇主连续工作满 6 个月就有权享受年假，目前这些规定"起死回生"，从而意味着有更多的员工符合享受年假的条件。从雇主的角度来说，只能把连续工作不到 6 个月的部分员工排除在安排休假计划或者支付休假工资的范围之外。

6.10　关于工伤事故的合法处理流程

在出现工伤事故之后，许多中资企业由于没有遵守合法处理流程而与赞比亚员工家属陷入劳资纠纷甚至法律诉讼。为了避免此类情形，兹介绍与工伤事故有关的赞比亚法规知识，希望更多的中资企业依法处理工伤事故，尽量降低相关成本。

6.10.1 《工人补偿法（Workers Compensation Act）》

（1）任何雇主都必须给雇员强制缴纳工伤保险费，这是法定义务；

（2）工伤保险的主管机构是工人补偿资金管理委员会（Workers Compensation Fund Control Board），在每个省会城市和经济活跃的其他大城市都设立了办事处；

（3）雇主根据所雇用的雇员数量缴纳相应的工伤保险费，但工伤保险所覆盖的范围不得低于 5 个员工，如果雇员不足 5 个，也必须按照最低数量的 5 个员工进行投保；

（4）雇主缴纳工伤保险的起算时间为每年 4 月 1 日，截止日期为次年的 3 月 31 日；

（5）根据雇员所从事的行业和工资水平的不同，工伤保险的取费标准有所差别；

（6）当雇员发生工伤事故，雇主必须在事故发生后的合理时间内、按照规定的表格形式向最近的工人补偿资金管理委员会办事处报告该事故的详细信息；

（7）在雇员受伤住院期间，雇主必须垫付所有的医疗费用和支付相应的全额工资。雇主必须保管好垫付的医疗费用和工资支出的相关凭证，然后在工人补偿资金管理委员会进行理赔之后获得返还；

（8）雇员伤愈出院后，执业医生必须填报工人补偿资金管理委员会提供的最终医疗报告（Final Medical Report）；

（9）当雇主向工人补偿资金管理委员会提供了工伤事故报告、最终医疗报告、雇主的工伤保险缴费证书、受伤雇员的身份证、工资条等文件时，该起工伤事故的理赔程序将正式启动；

（10）工人补偿资金管理委员会将组织有关专家对于受伤雇员的伤残等级进行鉴定；

（11）根据鉴定的伤残等级，工人补偿资金管理委员会核定并向受伤雇员每月发放一定数量的抚恤金额，然后返还雇主垫付的医疗费用和工资支出。

6.10.2 《劳动法典法》

（1）当雇员因工伤事故而无法上班时，该雇员有权按照下列规定享受病假福利：

I. 签订短期合同的雇员应在享受病假的前 26 个工作日获得全额工资，此后的 26 个工作日获得半额工资。

II. 签订长期合同的雇员应在享受病假的前 3 个月获得包括各种补贴在内的全额工资，此后的 3 个月获得 50% 的全额工资。

（2）长期合同和短期合同的分界线是 12 个月：如果雇用合同的有效期超过 12 个月，哪怕只超过 1 天，也属于长期合同；如果雇用合同的有效期不足 12 个月，哪怕只少 1 天，也属于短期合同。

（3）由于受伤雇员在无法上班期间可以根据《工人补偿法》获得规定的补偿金额，因此根据上述条款支付给受伤雇员的工资应当从相关的补偿金额中扣除。

（4）从雇员因遭遇工伤事故之日起的 6 个月后，如果该雇员无法从工伤中康复，根据执业医生的建议，雇主可以因病辞退该雇员，从而终止该雇员享受的病假福利。

（5）因无法康复而被终止雇用合同的雇员，除了获得累计的任何其他福利金（例如带薪休假补贴），有权享受每个服务年限不少于 3 个月基本工资的一次性补偿金。

6.10.3 工伤事故的处理流程

（1）对受伤雇员进行现场急救，然后送往最近的医院进行救治；

（2）前往最近的工人补偿资金管理委员会办事处，领取和填报工伤事故报告表，其中部分内容必须由执业医生填报，例如因伤而无法上班的期限；

（3）当受伤雇员出院时，请执业医生填报工人补偿资金管理委员会规定的最终医疗报告；

（4）把工伤事故报告、最终医疗报告、雇主的工伤保险缴费证书、受伤雇员的身份证、工资条等文件汇总起来，提交给最近的工人补偿资金管理委员会办事处，启动工伤保险事故的理赔程序；

（5）把雇主垫付的医疗费用凭证、受伤雇员领取工资的凭证汇总起来，提交给最近的工人补偿资金管理委员会办事处，以便尽早获得资金返还。

6.10.4　工伤保险补偿金额的应对策略

（1）向受伤雇员的家属阐述赞比亚《工人补偿法》和《雇用法典法》的有关条款；

（2）与受伤雇员重新签订雇用合同，安排合适的工作岗位，但不得降低其应得的工资和福利待遇；

（3）假设受伤雇员为雇主累计工作的时间不超过一年，那么一次性补偿金额不应超过受伤雇员的10个月全额工资，这是因为，受伤雇员有权享受最多6个月的病假福利（前3个月享受全额工资、后3个月享受半额工资）、因无法康复而终止合同的3个月全额工资的一次性补偿金、1个月的带薪休假补贴。当然，一次性补偿金额主要取决于雇主和受伤雇员之间讨价还价的结果；

（4）要求受伤雇员的所有家属到场，举行集体协商，然后要求所有家属作为见证人在商定的一次性补偿协议上签字确认；

（5）如果受伤雇员的某些家属坚持要起诉雇主，那么就准备好工伤保险缴费凭证、工伤事故报告等文件，聘请律师，积极应诉。

6.11　案例释法

6.11.1　妥善保管劳动合同，从容应对劳动纠纷

1. 案例简介

2022年1月底，铜带省钦戈拉某中资建筑公司的工地，两名普工因为无故旷工三天以上而被中国工头开除，并且当场结算了工资。第二天，这

第 6 章　劳动管理须知

两名普工前往钦戈拉劳动局办公室投诉雇主,并把劳动局关于协调劳资纠纷的通知函交给该公司老板,声称要求支付 Leave Days（带薪休假）。过了四天,该公司老板 W 先生拿着这两名普工的记工表前往钦戈拉劳动局,与投诉的当地员工协调劳资纠纷。

劳动官员要求雇主提供公司与两名普工签订的劳动合同,W 先生说,普工的劳动合同由各个建筑工地的中国工头负责签署,突然之间找不到。

两名普工声称,在该公司工作了 10 个月。W 先生说,从记工表来看,这两名普工分别工作了 6 个月和 3 个月。于是,两名普工相互作证,W 先生打电话向相关工地的工头进行核实。经过一番争论,最后劳动官员断定,这两名普工在该公司分别工作了 8 个月和 7 个月。

W 先生说,根据 2019 年通过的新劳动法,只有当员工为同一个雇主连续工作了至少一年之后,才能享受带薪休假。劳动官员同意 W 先生的说法,说服两名普工放弃关于获得带薪休假的要求。

但是,劳动官员说,这两名普工有权获得 Gratuity（退职金）,其中工作 8 个月的普工应获得的退职金额为 K1050（普工最低的基本工资）*3*8/12＝K2100,工作 7 个月的普工应获得退职金额为 K1050*3*7/12＝K1838。然后,劳动官员在一份调解书上填写有关内容,让 W 先生和两名普工分别签字,并由 W 先生向两名普工支付相应金额的退职金,从而结束这场劳资纠纷。在 W 先生离开办公室时,劳动官员警告 W 先生:"作为雇主,你们有义务与员工签订一式三份的劳动合同,并且送到当地劳动局进行鉴证,其中一份由雇主保管,一份由员工保管,还有一份由劳动局保管。今天我没有计较你们公司不签劳动合同的事情,今后遇到类似情形,如果当地员工声称为你们公司工作了 20 年,我就按照他们的说法来计算你们公司应该支付的退职金"。

2. 法律规定

（1）Leave Days（带薪休假）:只有当员工为同一个雇主连续工作至少一年之后,才能享受。

（2）Gratuity（退职金）:工作每满一年,享受全年基本工资总额的 25%,也就是支付三个月基本工资;如果不足一年,则按比例支付相应的基本工资。

（3）劳动合同：雇主和员工必须签订一式三份的劳动合同，并送到当地劳动局进行鉴证，其中一份由雇主保管，一份由员工保管，还有一份由劳动局保管。

（4）考勤记录：雇主具有保管考勤记录的义务。如果雇主无法提供考勤记录，那么劳动官员将以弱势一方，即员工的说法为准。

6.11.2　办理医保注册，免除药费困扰

1. 案例简介

最近，恩多拉劳动局向某中资企业开出一份罚单，金额高达 3 万克瓦查。这起事件的起因是，一名当地员工患上比较严重的疟疾，中资企业老板为其垫付了 2000 克瓦查的医药费，想从该员工的工资中进行扣除，但是该员工不同意，就去恩多拉劳动局投诉中国老板。相关劳动官员对这起事件进行调查之后证实，该员工的投诉内容属实，于是责令该企业承担该员工的全部医药费，不得从其工资中进行扣除，并且对该企业开出总金额为 3 万克瓦查的罚单，处罚依据是该中资企业没有前往国家医疗保险管理局（简称"国家医保局"或"NHIMA"）恩多拉分局办理雇主注册手续。

2. 法律规定

国家医保局是根据 2018 年第 2 号法律《国家医疗保险计划法（National Health Insurance Scheme Act）》而成立的法定机构，主要职能就是筹集资金和管理全国医疗保险计划（简称"医保计划"）。

医保计划从 2019 年 10 月 1 日开始实施，覆盖范围是所有赞比亚公民和既定的居民（指 1964 年 10 月 24 日赞比亚独立建国时已经在赞比亚居住的外籍人员），不管是参加工作还是自己创业，不管是已经退休还是仍在工作，凡是赞比亚公民都必须加入医保计划。

医保计划的缴费主体可以分为三类，分别是给员工缴费的普通雇主、给自己缴费的自雇雇主、给退休人员缴费的养老基金管理机构。缴费标准为员工每月基本工资的 2%，其中 1% 可从员工每月工资总额中予以扣除，另 1% 由雇主配套提供；缴费的截止日期都是下一个月的 10 日，在此之后

都必须依法缴纳滞纳金。

根据《国家医疗保险计划法》的有关规定，每个雇主都必须前往国家医保局或其分支机构办理雇主注册手续，这是一项法定义务，然后每月为员工缴纳规定的费用。只要雇主为员工按时缴费，那么一旦员工生病，则可以享受医保计划提供的免费医疗待遇。如果雇主没有在规定的期限内前往国家医保局或其分支机构办理雇主注册手续，那么劳动管理部门有权对其进行行政处罚，甚至开出3万克瓦查的罚单。鉴于赞比亚在理论上已经实行了覆盖全体公民的免费医疗保险计划，劳动管理部门有权责令没有依法办理雇主注册手续的雇主必须承担其员工的全部医疗费用。

6.12 关于中国公民在赞比亚去世的后事处理程序

6.12.1 办理死亡证明（Death Certificate）

1. 在医院去世

（1）由医院开具 Medical Certificate of Death Causes（死亡原因的医学证明）；

（2）由所在地区的警察局开具警察报告（Police Report）；

（3）由卢萨卡的赞比亚死亡注册局长（Registrar General of Death）开具死亡证明。

2. 没有在医院去世

（1）由所在地区的警察局开具警察报告；

（2）由卢萨卡的赞比亚死亡注册局长开具死亡证明。

6.12.2 办理火化证明（Cremation Certificate）

（1）由所在地区的政府部门开具安葬许可证（Burial Permit）；

（2）由火葬场开具火化证明。

6.12.3 办理骨灰携带证明

凭死亡证明、火化证明、死者护照复印件、骨灰携带者护照复印件，在卢萨卡的我国驻赞比亚大使馆领事部办理骨灰携带证明。

6.12.4　办理死亡证明等文书的公证和认证（如有必要的话）

（1）请赞比亚律师或者公证员对于死亡证明等文书进行公证；

（2）把公证后的死亡证明等文书送到赞比亚外交部进行认证；

（3）把赞比亚外交部认证后的死亡证明等文书送到中国驻赞比亚大使馆进行再次认证；

（4）把经过一次公证和两次认证的死亡证明等文书带到中国，可以获得中国所有司法和行政机关的认可。

第7章 土地交易须知

赞比亚土地分为两类，分别是：

——国有土地（State Land），约占赞比亚土地总量的6%，由所在地区政府根据管辖权限划分为住宅用地、商业用地和工业用地。

——传统土地（Customary Land），约占赞比亚土地总量的94%，由传统部落的酋长进行管辖。

赞比亚只有两种土地占有体制（Systems of Tenure），即租赁占有体制和传统占有体制。赞比亚不存在土地的自由保有体制。租赁占有土地的期限为99年，可续期99年。如果未出现违反现行合同的有关条件，则有可能获得再次续期。传统占有的土地可以转化为租赁占有，从而使其可以用作抵押物。根据1995年的《土地法》，土地即使没有开发，也具有价值和可用于出售。

7.1 非赞比亚公民获得赞比亚地契的资格条件

严格来说，根据赞比亚土地法（1995）（Land Act 1995）有关规定，全国土地都由总统行使所有权，而由政府和传统部落两个系统分别行使管理权；对于非赞比亚人（NON-ZAMBIAN），包括外国公民或外国公民参与的赞比亚注册法人，在下列情况下可以在赞比亚获得不超过99年的长期租契，就是我们常说的地契，并且到期后可以按照有关规定延期。

（1）在赞比亚定居的永久居民（Permanent Resident）。目前操作实践是已获得Residence Permit，就是获得移民局颁发居民许可的外国公民，即可认定为永久居民。

（2）《投资法》（Investment Act）或者与赞比亚投资促进有关的任何其他法律所界定的投资者（Investor）。目前实践为获得赞比亚开发署（ZDA）颁发的投资许可（Certificate of Registration）。

（3）获得总统对其拥有的土地的书面批准函。

（4）根据《公司法》（Companies Act）注册的公司，并且非赞比亚人拥有已发行股份的25%以下。根据此规定，就算是法律上"本国公民所有公司"（Citizen Owned Company）也不是全部符合此规定，因为"本国公民所有公司"法律只要求赞比亚公民拥有已发行股份的50%以上。

（5）国会通过的某项法律所设立的法定公司（Statutory Corporation）。

（6）根据《合作社法》（Cooperative Societies Act）注册的某合作社，并且非赞比亚人的社员数量在25%以下。

（7）根据《土地（永久继承）法》（Land（Perpetual Succession）Act）注册的某机构，并且是经过注册和获得相关部长批准的非营利（Non-profit making）、从事慈善事业（Charitable）、从事宗教事务（Religious）、从事教育业务（Educational）或者从事博爱事务（Philanthropic）的组织或机构。

（8）其土地权益来自不超过5年的商业租赁（Lease）、分租（Sub-lease）、转租（Under-lease）行为，或者是住房租赁协议（Tenancy Agreement）。

（9）该土地的利益或权利来自死亡后的继承途径，或者生者对死者名下财产的享有权转移途径，或者对相关法律的执行途径。

（10）根据《公司法》或《银行和金融服务法》（Banking and Financial Services Act）注册的商业银行（Commercial Bank）。

（11）根据《国家公园和野生动物法》（National Parks and Wildlife Act）获得特许经营权（Concession）或其他权利。

7.2 土地交易程序

土地在买卖之前必须获得"国家同意函（State Consent）"。该同意函由土地专员（Commissioner of Lands）依申请而颁发。如果同意函在申请提交之后 45 天内未被颁发，可视为已经获准。如果申请被拒，则需在 30 天内向申请人提供拒绝理由。

获得国有土地之前还需要得到所在地区议会的批准。不属于任何地区议会管辖的土地可直接向土地专员申请获得或转让。土地专员向申请者出具一份正式报价，内容和条款与申请传统土地的要求相类似。

1. 传统土地的获取

在传统地区获取土地须得到：

- 所在地区酋长的书面同意；
- 所在地区议会的批准；
- 如果该土地位于狩猎管理区内，还需得到国家公园和野生动物管理局局长的特别批准。

获得上述批准后，应提交给有关地区议会，由其转交土地专员。然后，专员会向申请人出具正式报价函（Offer）。报价函将规定下列条件：

- 对价（Consideration Fee）：非固定金额，取决于土地位置、国家或所在地区提供的服务及其他相关因素。
- 勘测要求（Survey Requirements）：可由私营或政府的测量师完成。提交附有法定地图或平面图的租赁合同是颁发土地证的强制性要求。
- 准备费（Preparation Fee）：土地专员办公室会收取租赁准备费。该费用是固定的，由法令规定，但可以调整。
- 注册费（Registration Fee）：土地和权属注册署（Lands and Deeds Registry）在租赁注册和土地证颁发之前收取该项费用。
- 资产转移税（Property Transfer Tax）：根据《资产转移税法》，如果向私人购买土地，则卖主须将土地价值的 5% 缴纳给赞比亚税务局。如果土地从国家购得，则无须缴纳任何税款。

相关报价已经接受和上述费用已经支付之后，可着手准备转移 99 年土地使用权的租赁合同。如果土地已被勘测，土地证将在 60 天内颁发；如果土地尚未勘测，则需 3 个月或更长时间才能颁发土地证。

2. 私有土地的购买

私人拥有的土地可以买卖，由土地专员颁发土地证。在任何情况下，出售者都必须获得"国家同意函（State Consent）"后才能把土地证转让给购买者。同意函由土地专员依申请而颁发。如果同意函在申请提交之后45天内未被颁发，可视为已经获准。如果申请被拒绝，则需在30天内向申请人提供拒绝理由。

7.3　土地法庭（Lands Tribunal）

为了加快解决土地争议，1995年《土地法》设立了土地法庭。该法庭由有资格担任高级法院（High Court）法官的人员负责。对于该法庭的裁决，可在有关裁决做出后30天内向最高法院（Supreme Court）上诉。

7.4　土地交易注意事项

问题1. 如何在土地房产交易前彻查被交易主体的历史纠纷以及被交易主体的真实性？

回答：这个问题比较复杂，也最容易让买方陷于被动和纠纷中，甚至上当受骗。买方在与土地卖方接触且双方都有买卖意向后，买方首先一定要向卖方索要地契原件以及卖方身份证原件，核实身份证本人与地契地主姓名是否相符。如果是以公司名义持有的土地，则需要到公司和专利注册署（PACRA）得到该公司注册信息，股东人数及姓名。同时应索要该公司章程（Articles of Association），掌握其公司章程条款中关于公司土地等财产转让的规定。如果公司章程规定需要全体股东同意的话，那则需要该公司出具关于同意转让土地的董事会决议（Board Resolution）方可。

然后，最好是委托自己的代理律师前往土地部查证。土地部查证核实土地的部门有两个，一个为地契处（Deeds Department），设在土地部大厅内，我们购买土地时经常前往查证打印土地交易信息的地方。但这里打印出来的资料往往只能反映土地证转让变化情况，而不能真实地反映该宗土地的历史纠纷和潜在的问题。所以，这时还需要到土地部的另一个部门土地处（Land Department），这里的资料记录了每宗土地从原始规划编号以及土地所有权转让变化过程的完整资料。

按照土地部要求，原则上只有代理律师才有权查阅土地处的原始资料。通过土地处查证土地的历史记录并确认该宗土地没有任何遗留问题，并且交易土地没有银行贷款抵押或者无土地交易警示（Caveat）。为了确定土地实际位置与地契土地规划图等原始土地信息一致，买方应该要求卖方一道，聘请经过注册的专业土地测量师（surveyor），前往交易土地的现场实地确认，核定土地坐标位置与地界。

问题2. 房产抵押是否有可能不在土地部注册？（如何排除这类情况）

回答：答案是房产抵押确实有可能不在土地部注册。房产抵押在赞比亚大概有两类：

（1）法定抵押（Legal Mortgage），将地契以典契（Deed of Mortgage）的形式抵押给债权人获得贷款并且在土地部做正式登记程序；

（2）按揭抵押（Equitable Mortgage），另外一类程序相对简单，但对购地者风险非常大的简单借款抵押，有三种情况，在此不再详述。主要形式是房主将地契直接交给放贷人作为抵押，不在土地部登记注册，但法律上对这种借贷关系的权益是予以承认的，也是有一定保护的。

因此，如果要避免这种隐形房产抵押贷款，最重要的是买方在与卖方签订土地转让协议之前，一定要向卖方索要土地证原件，并将土地证原件拿去土地部进行核实，绝不能仅仅凭卖方提供的土地证复印件便与卖方签署购地协议。另外，有时房产主可能会以土地证原件遗失为由向土地部申请了土地证副本（Duplicate），这种情况在土地处核查时也能够辨识出来。

注：土地交易前，落实待购土地是否被全部或者部分抵押，是个一定要做而且非常关键的问题。对于这种不在土地部登记的抵押，如果没有及时发现，日后很容易对购房者造成巨大经济损失，已有多起先例，希望同胞引起警觉！

问题3. 购地前如何避免出现土地边界问题？

回答：对于所购买的土地，应当在交易前聘请测绘人员（surveyor）实地确定边界界桩（Beacon verification），并由测绘部门出具界桩认定报告。土地部测绘处和市政厅规划测绘处可以受理界桩测绘认定，也可以聘请经过注册的私营测绘所承担界桩核查事宜。经过界桩核查后如果发现和邻居有地界纠纷，可持测绘部门出具的界桩认定报告和土地证，请律师通过法律程序和对方沟通解决。擅自在纠纷地界动作，往往会把地界问题严重化、复杂化。对方如果不配合对勘定地界的认同，可以通过律师向市政执法、警察部门或者法院请求干预。

7.5 土地开发过程需要办理的许可证

购买或者租赁土地之后，投资者可以对相关土地进行开发，以适应不同项目建设的需要，例如建立农场、工厂、仓库、酒店或者住房等。我们以建立工厂为例，阐述土地开发全过程需要办理的有关手续。

7.5.1 转变土地用途

根据 2015 年第 3 号法律《城市和区域规划法》的规定，如果相关土地用途为农业用地，则投资者必须向规划主管部门（大多数为所在地政府，极少数为省政府规划局）申请把土地用途从农业用地转变为工业用地。一旦有关申请获得受理，则规划主管部门将在相关报纸上刊登拟转变土地用途的公告。如果在规定时间内无人提出异议，则规划主管部门就可以批准转变土地用途。

7.5.2 办理环保许可证

根据 2011 年第 12 号法律《环境管理法》（Environmental Management Act）的规定，任何建设项目在正式实施前，投资者应向赞比亚环保局（Zambia Environmental Management Agency）提交环境项目简介（Environmental Project Brief，适用于小型项目）或环境影响评估报告（Environmental Impact Statement，适用于大型项目），以确定其对环境的影响。如果赞比亚环保局认为有关建设项目对环境不会造成负面影响，则出具决定书（Decision Letter）。如果有关建设项目存在一定废弃物，则必须按照规定申请办理排放许可证（Emission Licence）和/或危险废弃物管理许可证（Licence for Hazardous Waste Management)。

7.5.3 办理建设许可证

根据2015年第3号法律《城市和区域规划法》(Urban and Regional Planning Act)的规定,投资者对于相关土地进行任何开发,都必须向规划主管部门(大多数为所在地政府,极少数为省政府规划局)申请建设许可证,需要提交的主要文件是土地权属证书和拟建设的厂房和附属设施的详细图纸。即使是建设一段围墙,也必须事先报批,否则有可能被相关执法部门认定为违法建筑物而遭到处罚。建设许可证的审批费用主要依据拟报批建筑物的面积而定。如果投资者通过租赁渠道获得项目用地,则由土地权属证书持有人向规划主管部门申请办理建设许可证。

7.5.4 委托合格的建筑承包商

根据赞比亚《国家建筑委员会法》(National Council for Construction Act)的规定,投资者必须委托合格的建筑承包商来从事相关的建设活动。即使投资者本身具备建筑施工能力,也必须按照《国家建筑委员会法》的规定,注册成为合格的承包商之后才能从事相关的建设活动,否则将受到国家建筑委员会(National Council for Construction)的处罚。

根据2015年第3号法律《城市和区域规划法》的规定,承包商必须按照规划部门批准的相关图纸进行施工,在建设过程中必须接受所在地政府工程部门(Department of Engineering)的检查,而且每个建筑步骤只有获得所在地政府工程部门的批准之后才能实施下一个建筑步骤。

7.5.5 办理入住许可证

根据2015年第3号法律《城市和区域规划法》的规定,当相关建筑物竣工之后,投资者必须向所在地政府申请办理入住许可证。在接到申请函之后,所在地政府将派出规划、公共卫生、消防等主管部门对于相关建筑物进行验收。如果发现某些不符合相关标准之处,则出具一份整改通知书。只有整改之后，才能再次验收。如果相关部门对于建筑物验收合格，则由所在地政府向投资者出具入住许可证。

7.5.6 办理其他许可证

由于赞比亚大多数城市的自来水供应不太稳定，许多投资者需要通过深水井来取用地下水，根据有关法律的规定，任何人在取用地下水之前，必须向水资源管理局（Water Resources Management Agency）申请打井许可证（Borehole Permit）。

除此之外，不管从事什么行业，投资者都必须向所在地政府申请办理贸易许可证（Trading Permit 或者 Business Levy）、卫生许可证（Health Permit）、消防许可证（Fire Certificate）。这些规费收入是所在地政府的主要收入来源之一。

第 8 章 进出口贸易须知

8.1 海关清关和估价

在赞比亚海关办理清关业务，进口商必须提交常见的商业文件，如提单、航空提单和商业发票。进口申报表只用于统计目的，可免费领取。在边境口岸办理清关业务，进口商必须使用赞比亚税务局的进出口标准表格CE20。赞比亚采用海关数据和管理自动化系统（ASYCUDA），通关手续可在数小时内完成。然而，表格不完整和其他问题，例如缺乏支持性文件，可能会导致明显拖延。

8.2 关税结构

赞比亚关税以到岸价（CIF，即成本、保险和运费）为基础，在世贸组织海关估价协议所认定的应税价格基础上计算。大多数关税是从价征收的，但某些特别关税仍然存在。赞比亚执行国际通用的商品分类和编码协调制度，关税共分四档：0、5%、15%和25%。几乎所有的原材料和大多数工业或生产性设备税率为 0 或 5%，大多数进口中间产品税率为15%，最终产品的进口关税为25%。赞比亚简单平均进口关税税率约为14%。

8.3 进口限制

出于环境、健康和安全原因而实行进口限制。大多数农产品进口必须获得进口许可证。赞比亚目前不实行贸易制裁。

8.4　卫生和植物检疫规定

活动物、植物和种子进口必须执行卫生和植物检疫规定。出口国签发的卫生合格证书是获颁兽医许可（Veterinary Permit）的前提条件。食物进口必须符合 1978 年 9 月颁布的《食品和药品法》（Food and Drugs Act）中关于食品包装和标签的规定，以及关于玉米片、大米和面包的有关标准。

8.5　出口程序

出口商必须完整填报出口申报表（赞比亚税务局指定的主要用于统计目的的标准表格 CE20），并附上商业发票原件和海运装箱单。出口运输所需航空提单或海运提单应向货运代理商或承运商索取。赞比亚没有出口税收和费用。

如果要享受出口市场提供的优惠措施（例如关税减让），则必须从赞比亚税务局获得合适的盖章的原产地证书。东南部非洲共同市场、南部非洲发展共同体（SADC）、欧盟（EU）和《非洲增长与机会法案》（AGOA）下的纺织品所要求的原产地证书各不相同。

如果某项出口产品属于兽医局管辖，则必须获得卫生/植物检疫证书。有关种子、茎秆和水果的植物检疫证书可向马库鲁山研究站（Mount Makulu Research Station）申请。

极少数产品必须获得特别的出口许可证。宝石出口必须获得矿业、能源和水利开发部的许可证；木材出口必须获得林业局的木材认定证书。

8.6　区域协定

- 东南部非洲共同市场[①]（The Common Market for Eastern and Southern

[①] 东南部非洲共同市场（COMESA），是由包括利比亚、斯威士兰等 20 个东非、南非国家组成的自由贸易区，形成于 1994 年 12 月。

Africa，简称"COMESA"）

东南部非洲共同市场自 1981 年起开始运作。经济一体化的设想是从自由贸易区（FTA）迈向经济货币联盟。自贸区于 2000 年 11 月 1 日起在九个缔约国中实施。东南部非洲共同市场自由贸易协定（COMESA FTA）是一份关于成员国之间产品贸易豁免关税的协议。享受免关税待遇的产品必须符合既定的原产地规则。成员国还同意消除所有非关税壁垒以促进相互间贸易。目前加入自由贸易协定并执行免关税措施的九个国家是埃及、苏丹、肯尼亚、吉布提、马拉维、马达加斯加、毛里求斯、赞比亚和津巴布韦。

所有出口商品必须获得东南部非洲共同市场原产地证书。该证书可从各成员国的税务主管机关获得。

- 南部非洲发展共同体[①]（The Southern Africa Development Community，简称"SADC"）

由 14 个国家组成的南部非洲发展共同体（SADC）签署了一份贸易协定，呼吁建立自由贸易区。经过协商，每个国家都提供两份关税减让目录，其中一份只适用于南非，另一份则适用于所有其他 SADC 国家。赞比亚自 2001 年 4 月 30 日起履行自身的关税减让承诺，但该承诺只适用于那些向赞比亚提供南部非洲发展共同体关税减让的国家。

适用于除南非以外所有南部非洲发展共同体国家的关税目录分为三类：A 目录产品在减让措施实施后立即执行零税率；B 目录产品将在实施后八年内逐步将关税降至零；C 目录产品则在实施后 12 年内将关税降至零。列入 C 目录的产品被称为敏感性产品，就赞比亚而言包括肉、奶制品、茶叶、某些面粉、原糖、水泥、纺织品和服装，以及机动车辆。每批出口货物都必须获得南部非洲发展共同体原产地证书。该证书可从赞比亚税务局获得。

---

① SADC 共有 14 个成员国：安哥拉、博茨瓦纳、刚果（金）、莱索托、马达加斯加、马拉维、毛里求斯、莫桑比克、纳米比亚、南非、斯威士兰、坦桑尼亚、赞比亚和津巴布韦。

- 非洲大陆自由贸易区协议（African Continent Free Trade Area，简称"AFCFTA"）

目前，所有 55 个非洲国家都签署了《非洲大陆自由贸易区协议》，将致力于建立一个覆盖 12 亿人口、经济总量达 2.5 亿美元、全球最大的自贸区。该协议已经于 2019 年 5 月 30 日正式生效，从而成为非洲的里程碑事件。

联合国非洲经济委员会数据显示，目前非洲区域内贸易仅占其贸易总额约 16%，远低于世界其他区域水平。非洲大陆自贸区协议生效后，非洲将逐步取消 90% 的商品关税，预计到 2022 年末，区域内贸易额将比 2010 年提高 52%。如果非关税壁垒同时减少，域内贸易额则有望提升一倍。

赞比亚政府决定，从 2020 年开始评估非洲大陆自贸区协议的相关内容，然后提交立法机构批准，并完成国内立法工作。

第 9 章 资金流动须知

9.1 银行开户须知

根据赞比亚税务局（Zambia Revenue Authority，简称 ZRA）的规定，从 2019 年 7 月 1 日开始，凡是根据《银行和金融服务法》（Banking and Financial Services Act）注册的金融机构都必须强制性要求所有银行账户持有人获得赞比亚税务局（ZRA）颁发的纳税人识别号码（Taxpayer Identification Number，简称 TPIN），否则不得开立或使用银行账户。

在赞比亚开立个人或机构的银行账户，各个商业银行必须要求潜在客户提交必要的证明文件，从而满足 2010 年《金融情报中心法》（Financial Intelligence Centre Act）、2016 年《金融情报中心法（总）条例》（Financial Intelligence Centre (General) Regulations）、2016 年第 9 号法令、第 52 号法令等法律法规关于商业银行对开户人进行尽职调查的要求。

一般来说，各个商业银行对于开立银行账户必须提供的证明文件是大同小异。我们以巴克莱银行赞比亚分行（Barclays Bank Zambia）为例，介绍开立个人或机构账户需要提交的文件清单。

9.1.1 开立个人账户需要提交的文件（以巴克莱银行赞比亚分行为例）

1. 住址信息

可以提交一份水费或电费通知单。如果无法提供这种通知单，那么经过律师见证的宣誓书（affidavit）也可以满足条件。

2. 有效身份证件复印件

如果开户人是赞比亚公民，可以提交国民注册卡（NRC）复印件；如果开户人是外国公民，可以提交护照复印件。

3. 在赞合法居留证件的复印件

如果开户人是外国公民，可以提交工作许可证（Employment Permit）、临时工作许可证（Temporary Employment Permit）、投资者许可证（Investor Permit）、永久居留许可证（Residence Permit）、学生许可证（Student Permit）或者配偶许可证（Spouse Permit）等合法居留证件的复印件。

4. 护照规格的照片

当巴克莱银行的自动拍摄照片系统无法使用时，开户人必须提交1张护照规格的照片。

5. 纳税人识别号码（TPIN）

根据赞比亚税务局（ZRA）的最新规定，开户人必须提供纳税人识别号码（TPIN），否则开户人和相关的商业银行都将面临罚款。

9.1.2 开立机构账户需要提交的文件（以巴克莱银行赞比亚分行为例）

1. 公众有限公司（Public Limited Companies）和私人有限公司（Private Limited Companies）：

（1）公司和专利注册署（PACRA）颁发的公司注册证书（Certificate of Incorporation）；

（2）公司和专利注册署盖章确认的公司章程（Articles of Association）；

（3）公司和专利注册署盖章确认的 Form 2 和 Form 5；

（4）公司和专利注册署颁发的股本证书（Certificate of Share Capital）；

（5）公司背景介绍或公司简介（Company Profile）；

（6）公司股东（10%以上股份）、董事或账户签字人的有效身份证件复印件，例如国民注册卡（NRC）（如果是赞比亚公民）或护照（如果是外国公民）；

第 9 章　资金流动须知

（7）公司股东（10%以上股份）、董事或账户签字人的 1 张护照规格的照片；

（8）公司股东（10%以上股份）、董事或账户签字人的住址文件，例如自来水公司的水费通知单、电力公司的电费通知单、电信公司的话费通知单、当地政府的有关费用通知单，或者律师、会计师、巴克莱银行现有客户、员工签名的关于该公司股东（10%以上股份）、董事和/或账户签字人实际住址的介绍信或确认函；

（9）填报完整的机构账户开户申请表格；

（10）公司董事会关于同意在巴克莱银行开立银行账户的决议；

（11）要求开立银行账户的申请函；

（12）公司和专利注册署（PACRA）出具的最近年度的申报表（Annual Return）（如果该公司成立时间超过一年的话）；

（13）纳税人识别号码（TPIN）。

2. 独立商号（Sole Traders）或个人合伙企业（Partnership）

（1）企业注册证书（Certificate of Registration）；

（2）企业背景介绍或企业简介（Company Profile）；

（3）企业所有董事或账户签字人的有效身份证件复印件，例如国民注册卡（NRC）（如果是赞比亚公民）或护照（如果是外国公民）；

（4）企业主的护照规格的照片 1 张；

（5）企业股东、董事或账户签字人的住址文件，例如自来水公司的水费通知单、电力公司的电费通知单、电信公司的话费通知单、当地政府的有关费用通知单，或者律师、会计师、巴克莱银行现有客户、员工签名的关于该公司股东（10%以上股份）、董事和/或账户签字人实际住址的介绍信或确认函；

（6）如果是个人合伙企业，需要提供企业董事会关于同意在巴克莱银行开立银行账户的决议；

（7）合伙协议（Partnership Deed），或者公司注册机构颁发的 Form 2（适用于合伙企业）；

（8）填报完整的适用于独立商号和个人合伙企业的银行账户开立申请表；

（9）独立商号和个人合伙企业关于指定开户银行的指令和签名模板；

（10）公司和专利注册署（PACRA）出具的最近年度的申报表（Annual Return）（如果该企业成立时间超过一年的话）；

（11）要求开立银行账户的申请函；

（12）纳税人识别号码（TPIN）。

3. 俱乐部、协会、慈善组织、信托机构和合作社

（1）机构注册证书（Certificate of Registration）或以机构抬头纸出具的申请开立机构账户的函件；

（2）机构章程（Constitution），或者机构背景介绍，或者机构简介；

（3）信托人员（Trustee）的名单；

（4）机构所有信托人员（Trustees）或账户签字人（Signatories）的有效身份证件复印件，例如国民注册卡（NRC）（如果是赞比亚公民）或护照（如果是外国公民）；

（5）机构每个签字人的护照规格的照片各1张；

（6）机构股东、董事或账户签字人的住址文件，例如自来水公司的水费通知单、电力公司的电费通知单、电信公司的话费通知单、当地政府的有关费用通知单，或者律师、会计师、巴克莱银行现有客户、员工签名的关于该公司所有董事和/或账户签字人实际住址的介绍信或确认函；

（7）机构董事会关于同意在巴克莱银行开立银行账户的决议；

（8）经过审计的财务报表（如果有的话），或者在申请表格中填报有关业务声明（Statement of Affairs）；

（9）填报完整的开立银行账户申请表格；

（10）机构关于指定开户银行的指令和签名模板；

（11）主管机构出具的最近年度的申报表（Annual Return）（如果该机构成立时间超过一年的话）；

（12）要求开立银行账户的申请函；

（13）纳税人识别号码（TPIN）。

9.2 银行转账须知

为了遏制洗钱活动，有关金融监管法规要求，银行账户持有人在进行转账时，必须提供一份发票或者能够支持付款的有关文件。

9.3 支票使用须知

根据2007年《国家支付系统法》（National Payments Systems Act）第33（1）条的规定，在银行账户余额不足的条件下开具银行支票，或者发出直接借记和贷记清算（Direct Debit and Credit Clearing，简称DDACC）指令（俗称"跳票"）将构成违法行为。一旦被法院裁定有关罪名成立，那么将被处以10万个罚款单位的罚金，或者不超过2年的有期徒刑，或者两者并罚。一旦收到"跳票"的支票，有关人员、公司或机构有权向赞比亚警察局进行投诉。

如果某人、某公司或某机构在一年内出现3次"跳票"现象，那么有关详细信息将被提交给信用参考局（Credit Reference Bureau），并由该局保留此记录7年。

此外，根据赞比亚中央银行——赞比亚银行（Bank of Zambia）的规定，从2017年7月5日开始，赞比亚所有商业银行（Commercial Banks）的客户在使用银行支票和电子资金转账系统时必须实施下列新的单项限额（Item Value Limits），见表9-1。

表9-1

支付工具的类型 （Type of Payment Instrument）	旧的单项限额 （Old Item Value Limit）	新的单项限额 （New Item Value Limit）
以本国货币标价的支票（Local Currency Denominated Cheques）		
通过清算所结算的克瓦查支票（Local Kwacha cheques cleared through the Clearing House）	克瓦查 100000.00	克瓦查 25000.00

续表一

支付工具的类型 (Type of Payment Instrument)	旧的单项限额 (Old Item Value Limit)	新的单项限额 (New Item Value Limit)
提交给银行柜台的克瓦查支票(Local cheques presented over the Counter)	无限额	克瓦查 25000.00
以外国货币标价的支票(Foreign Currency Denominated Cheques)		
在赞比亚结算的外币支票(Foreign denominated cheques cleared within Zambia)	无限额	美元 5000.00
提交给银行柜台的外币支票(Foreign denominated cheques presented over the Counter)	无限额	美元 5000.00
电子资金转账(Electronic Funds Transfer)		
直接借记(Direct Debits)(参见备注1)	克瓦查 50000.00	克瓦查 75000.00
直接贷记(Direct Credits)(参见备注2)	克瓦查 100000.00	克瓦查 500000.00

备注1：直接借记（Direct Debit）是指某银行账户所有人给银行发出指令，从第三方的账户扣款，然后转入自身账户（该账户所有人与第三方之间必须有付款协议来允许这么做）。

备注2：直接贷记（Direct Credit）是指某银行账户所有人给银行发出指令，从自身账户扣款，然后转出到第三方账户。

第10章　其他须知

10.1　枪支管理法规须知

赞比亚《枪支法》（Firearms Act）于1965年首次颁布实施，于1969年进行修订，一直沿用至今。该法律的要点如下：

1. 利用压缩空气驱动的气枪不属于枪支，无须办理持枪证。

2. 要合法购买、持有和使用枪支，至少要满足两个条件：一是填报表格Q，二是获得胜任证书（Competent Certificate）。在胜任证书中，有关部门会标明该证书持有人有资格持有霰弹猎枪（Shotgun）、手枪（Pistol）或者其他类型的枪支。

3. 自动发射的枪支属于《枪支法》禁止普通人拥有的枪支，只要发现有人持有此类枪支，例如AK47型冲锋枪，警方将立即逮捕持枪人。这种自动发射的枪支只能由赞比亚的陆军、空军、国民服务队（ZNS）的官兵和赞比亚警察才能拥有和使用。

4. 赞比亚只有两种枪支进口许可证，一是枪支经销商进口许可证（Firearms Dealers Import Permit），二是游客进口许可证（Tourist Import Permit）。

从事枪支销售业务的枪支经销商必须向警方办理枪支经销商进口许可证之后才能合法进口枪支。

普通游客也可以向警方办理游客进口许可证，但必须符合某些条件，要么是狩猎（Safari）俱乐部成员，要么是射击比赛的参赛选手，要么是途经赞比亚去其他国家的中转游客。

5. 进口的枪支必须保管在公共仓库（Public Warehouse）或者经过警

方批准的合适的私人仓库（Suitable Private Warehouse）。

6. 赞比亚有三种枪支出口许可证，一是枪支经销商出口许可证（Firearms Dealers Export Permit）；二是游客出口许可证（Tourist Export Permit）；三是居民出口许可证（Resident Export Permit）。

游客出口许可证只能颁发给获得游客进口许可证的相关游客。

居民出口许可证可以颁发给在赞比亚居住的赞比亚人或者持有合法居留证件的外国人。这意味着拥有工作证等合法证件的中国人可以申请该许可证，从而把自己持有的枪支带回中国，当然中国是否允许进口枪支就是另一回事。

7. 枪支和持枪证必须同时携带，否则将构成违法行为。

8. 接触枪支的某些人员可以豁免办理持枪证，例如枪支商店的店员、为持枪人提供辅助服务的人员（例如背枪人）、射击俱乐部成员、在游行队伍中临时持枪人、参与拍摄枪战的电影演员、运动会发令枪的使用人、利用特殊装置和特殊子弹杀死动物的人员、用特殊装置（如气钉枪）往硬木里打钉子的人员。

9. 根据《枪支法》的授权，警察总局设立了中心枪支注册处（Central Firearms Registry），负责人称为专员（Commissioner）。

10. 申请购买枪支的有关人员必须填报表格 L，然后按下指纹，由中心枪支注册处（Central Firearms Registry）负责人进行审核。只有审核通过之后，才能颁发持枪证书（Firearms Certificate）。

凭持枪证书，有关人员可以去任何一个地方政府（Council）办理持枪许可证（Firearms Licence）。

11. 中心枪支注册处负责人有权拒绝向枪支申请人颁发持枪证书，如果他/她的指纹与犯罪分子的指纹是一致的，或者他/她没有获得胜任证书，或者他/她购买的是不符合要求的二手枪支，或者他/她购买的是自动发射的枪支。

12. 私人购买枪支的完整程序如下所示：

（1）在任何一个警察局，填报申请购买枪支的表格 K。

（2）在任何一个警察局，留下两只手 10 个手指的所有指纹。

第 10 章　其他须知

（3）在任何一个警察局，留下身份证件的复印件，包括赞比亚颁发给外国人的身份证（NRC）、护照。

（4）在任何一个警察局，接受枪支管理员的面试，出具申请人购枪胜任证书（Competency Certificate，也叫表格 P）或者适于购买枪支的推荐函。

（5）由接受申请的警察局把所有文件装订成册，送到卢萨卡警察总局的中心枪支注册处进行审批。

（6）由警察总局的中心枪支注册处出具临时枪支证书（Provisional Firearms Certificate，也叫表格 M）。

（7）在任何一个经过注册/许可的枪支经销商处购买规定的枪支。

（8）警察总局的中心枪支注册处在检测申请人购买的枪支后，把临时枪支证书留下，然后出具枪支证书（Firearms Certificate，也叫表格 L）。

（9）购枪申请人把枪支证书提交给居住地所属的地方政府的枪支管理员，枪支管理员把枪支证书留下，然后出具枪支许可证。

13. 申请人购枪胜任证书只能由任何一个警察局的枪支管理员（Armourer）出具。当相关警察局没有表格 P 时，枪支管理员可以对购枪申请人进行面试，然后向警察总监出具申请人适于购枪的推荐函。该推荐函与申请人购枪胜任证书具有同等法律效应。

14. 所有购枪申请人的资料都必须送到卢萨卡的警察总局，由枪支审批委员会（Firearms Board）进行审批。该委员会的主任为警察总监，成员分别来自总统办公室、内政部相关部门、警察总局相关部门。

15. 申请人获得临时枪支证书必须年满 21 周岁，否则警方有权拒绝颁发该证书。

16. 私人只能购买三种枪支，分别为霰弹枪、手枪和步枪。申请人只能在枪店购买临时枪支证书所规定的枪支类型，不能临时改变枪支类型。

赞比亚的枪店基本上位于卢萨卡，申请人购枪后必须妥善保管缴费收据。

17. 购枪申请人必须向相关的地方政府缴纳枪支许可证的工本费，具体收费标准由相关的地方政府规定，例如恩多拉为每本 500 克瓦查，基特韦为 550 克瓦查，卢安夏为 350 克瓦查。

枪支许可证注明了持枪人的姓名、国籍、住所等信息，以及相关枪支的详细信息，类似于外国人所持有的护照，一旦失窃或者遗失，必须及时报告最近的警察局来获得帮助。

18. 枪支许可证每三年延期一次，必须由持枪人同时带上枪支和枪支许可证，亲自前往最近的警察局或者卢萨卡的警察总局办理，不得委托朋友进行办理。

枪支许可证有一页是空白的推荐函，由警方的枪支管理员验看相关枪支后，签字推荐延期该许可证。

持枪人把警方出具延期推荐函的枪支许可证交给相关地方政府的枪支管理员，由其签字同意延期该许可证。

19. 如果是以公司名义购枪，必须由该公司的某位代表，如总经理或者保安经理填报表格 K。除了提交该公司代表的赞比亚身份证（NRC）、护照和使馆推荐函之外，还要提交该公司的注册证书。

20. 相关警察局在收到某公司代表提出的购枪申请之后，必须由枪支管理员前往该公司进行实地检查，了解该公司的地理位置、所属行业、购枪目的和安全防卫措施等，然后出具检查报告。

该检查报告将取代私人购枪过程中的申请人购枪胜任证书或者警方的推荐函。

21. 第一次申请购枪时，外国人只能购买新枪，不能购买二手枪支。

22. 合法持有的枪支不得出借给任何朋友。这种非法出借行为一旦被查实，不管有没有产生危害社会的后果，借枪的双方要分别被判处 7 年有期徒刑。

23. 持枪人如果要进行射击训练，必须向最近的警察局负责人提出申请，由该负责人指定相关警察进行指导。

24. 私人允许购买的霰弹枪（Shotgun）共有四种，分别为（1）双管式（Double Barrel）、单管式（Single Barrel）、泵动式（Pump Action）、半自动（Semi－Automatic），其子弹型号分别为 AAA、SSG、SSGSB、LG。

25. 私人允许购买的手枪（Pistol）只能是半自动手枪（Non－automat-

ic Pistol），其子弹型号分别为 0.22、6.35、7.65、9mm、0.45。

26、私人允许购买的步枪（Rifle）主要用于狩猎，有不同类型，其子弹型号分别为 0.22、6.06、5.56、7.9、8mm、0.375。

27. 外国持枪人回国期间，不能把枪支私自交给任何其他人，而要交给警方保管。

如果有人希望持有该外国人的枪支，则双方可共同前往某警察局，办理枪支转让证书（Transfer Certificate）。

28. 因枪支使用而引起的罪名可以分为两大类，一是轻罪（Misdemeanor），二是重罪（Felony）。轻罪一旦成立，可判处罚金或者不高于两年的有期徒刑；重罪一旦成立，可判处两年以上的有期徒刑、无期徒刑或者死刑。

29. 赞比亚法典第87章《刑法典》（Penal Code）规定了涉枪的5种主要罪名：（1）谋杀（Murder）；（2）恶性抢劫（Aggravated Robbery）；（3）非法伤害（Unlawful Wounding）；（4）重度伤害（Gravis Harm）；（5）大屠杀（Manslaughter）。

如果一个陌生人在大白天进入你的院子，尚未构成任何威胁之时，你就开枪打死他，则这种行为构成了谋杀；如果进入你的院子的陌生人持有枪支，已经开枪打伤了你或者你的同伴，或者威胁要这么做，则你可以开枪射击他的手或者脚。

只有在极端情形下，例如这个陌生人用枪口对准你，你才能以杀死他为目的进行开枪；在其他情形下，虽然可以开枪，但不得以杀死他为目的。

30. 当歹徒把枪支当成作案工具，用枪支或者类似枪支对准受害人，或者把枪支或者类似枪支摆在受害人能够看得见的地方，同时抢夺受害人的财物，这就构成了恶性抢劫罪。总之，只要实施抢劫行为的歹徒使用了枪支或者看起来像枪支的装置，就构成了恶性抢劫罪。

在遇到恶性抢劫案件时，是否开枪还击要视具体情况而定。开枪的唯一目的是保卫自身的安全，因此要评估当时的局势，比如歹徒有什么样的枪支，歹徒的情绪是否稳定，你所处的环境是否有利于开枪。如果开枪还击后激怒了抢匪，则你的安全更加难以保证。

31. 如果遇到夜晚翻越围墙或者大门进入院子的陌生人，一定要评估现场的局势，避免误伤他人或者触犯"过度使用武力（Using excessive force）"的罪名。

即使这个陌生人属于对你造成较大威胁的歹徒，首先要对天开枪，然后射击歹徒的手或者脚，最后才能射击歹徒的要害部位。

32. 在公共场所携带枪支，一定要把枪支藏在衣服里或者手提包里，免得引起社会公众的恐慌。如果存在意见分歧，也不能采取向天空开枪的方式来威胁他人。如果警方查实持枪者在公共场所显露枪支，或者通过向天空开枪的方式来威胁他人，可以立即逮捕该持枪者。

33. 持枪者在喝酒后严禁携带枪支，一旦被警方查实，可以立即逮捕该持枪者，并且没收其枪支。

34. 持枪者不得私自进行射击训练，一定要联系当地警察局，并在指定地点进行射击训练。如果持枪者私自前往偏僻地点进行射击训练，一旦被当地民众举报，将构成非法训练罪（Illegal Drilling）。

35. 首次购枪人如果从枪支经销商处购买枪支，必须购买新枪；如果从其他持枪人受让枪支和变更持枪人姓名，可以购买二手枪支。

36. 以某个公司的名义购买的枪支，并不意味着该公司的所有员工都可以随意使用该枪支。该公司指定的每一个用枪人都必须在所属的警察局填报表格Q，留下指纹，获得警方的授权之后才能使用该公司合法购置的枪支。

表格Q的有效期为一年，到期之后相关人员想继续使用枪支，必须办理表格Q的延期手续，继续获得警方的授权。

以某公司的名义购置的枪支，在临时枪支证书、枪支证书、持枪许可证等文件上的"姓（Surname）"的栏目填写相关公司的名称，在"名（First Name）"的栏目填写总经理、保安经理等指定持枪人的姓名。根据相关法律规定，一把枪只能有一个持枪人的姓名，因此该公司获准使用该枪支的人员无须在有关文件上留下自己的姓名，但必须在所属的警察局进行备案登记，获得警方的授权。

10.2 交通管理法规须知

10.2.1 交通法规简介

1. 现行有效的交通主法规是赞比亚法典 2002 年第 11 号法律《公路和公路交通法》(Road and Road Traffic Act)。

2. 交通 (Traffic) 的概念既包括人和物的移动，也包括地面、水上和空中的交通方式。

3. 绝大多数公路 (Road) 是机动车 (Motor Vehicle)、摩托车 (Motor-bike)、自行车 (Bicycle) 和行人 (Pedestrian) 共同使用的，其中机动车、摩托车和自行车都要靠左行驶，而行人要靠右行走。只有极少数公路有自行车专用道。

4. 摩托车和自行车的驾驶员和乘客都必须佩戴头盔。

5. 轮式装载机、平地机、"两头忙"等工程机械不得独自上路，而必须在机动车的护送下上路，即前面有一辆开道车，后面有一辆殿后车，而且必须打着"双闪 (Hazard)"灯。

6. 简单地说，公路运输和安全管理署 (RTSA) 负责给驾驶员和机动车发证，而交警队负责对驾驶员和机动车进行验证，例如驾照、缴纳的养路费 (Road Tax) 在不在有效期内。

7. 自入境赞比亚之日起 90 天内，外国人（包括短期游客和持有工作证的长期工作人员）可以凭常住地所在国（例如中国）的有效驾照合法开车，但 90 天到期之后就必须换成赞比亚驾照才能合法开车。如果在 90 天之外仍然持外国驾照开车，则赞比亚警方将视同无照驾驶予以罚款 450 克瓦查。

8. 要把外国驾照换成赞比亚驾照，外国人必须把其驾照送到该国驻赞比亚大使馆进行认证，然后由大使馆致函公路运输和安全管理署 (RTSA) 署长确认该驾照的真实性。当外国驾照的真实性得到确认之后，外国人只需通过"路考 (Road Test)"就可以拿到赞比亚驾照。

9. 公路运输和安全管理局（RTSA）的官员和交警队（Traffic Police）警察有可能同时出现在某交通检查站，按照各自分工从事执法行动。

10. 不得无照开车，不得冒用他人驾照，也不得驾驶不符合驾照要求的车辆，例如只允许开小轿车的驾照持有人不得驾驶卡车，只允许开自动挡的车辆的驾照持有人不得驾驶手动挡的车辆。

11. 机动车里的任何人，不管是司机还是乘客，也不管是前排乘客还是后排乘客，都必须佩戴安全带。

12. 机动车要拐弯，必须提前50米打开转向灯，否则有可能被交警指控为"粗心驾驶（Careless Driving）"的罪名。

13. 机动车来到公路与铁路的交叉路口，不管当时铁路上有没有火车正在通过该路口，都必须停车约30秒，打着"双闪（Hazard）"灯，确认没有火车通过之后才能继续开车。如果司机在经过公路与铁路的交叉路口时没有停车，一旦被交警发现，将受到相应的处罚。

14. 机动车来到两条公路的交叉路口，如果路边有Stop（停车）的标志牌，必须停车，看清交叉路口的状况后才能通过该路口。如果某个十字路口都有Stop（停车）的标志牌，那么四个路口的机动车都必须停下来，然后按照"先来先走（First Come First Go）"的原则决定通过该路口的优先次序。

15. 在城区，如果遇到行人横穿马路，那么机动车必须给行人让行（Give Way），而且为了避免后面的车辆追尾，还必须打着"双闪（Hazard）"灯。

16. 在城区交通流量比较大的路段，必须找到停车位把车停好，然后步行去有关机构办事。让司机坐在车里，然后在路边等停车位属于违法行为。

17. 司机遇到行人穿过斑马线时，必须把机动车停在斑马线之前，而不能让车轮压着斑马线。

18. 不得边开车边打电话，也不得酒后开车。

19. 开车时遇到交警举手示意，必须停车，问清情况后才能决定下一步的行动。

20. 赞比亚不同路段的一般限速为：市区不超过 40 公里/小时，郊区不超过 65 公里/小时，高速公路有的路段不超过 80 公里/小时，有的路段不超过 100 公里/小时。

21. 每辆机动车必须在挡风玻璃前面贴上三个有效的圆形证书才能上路，分别为养路费缴纳证书（Certificate of Road Tax）、车辆检测合格证书（Certificate of Fitness）、车辆保险费缴纳证书（Certificate of Insurance）。

10.2.2 交通违法行为和处罚标准

1. 交通法规由政府部门制定，并经过国会审议通过，交警部门只是根据有关法律规定进行执法，所有罚金都不归属于交警部门，而是进入国库。

2. 如果没有办理车辆年检证书，或者该证书已经过期，罚款 450 克瓦查。

值得注意的是，所有新车自出厂日期之后五年内免检，小轿车、载重量大于 3.5 吨的卡车的年检证书有效期为一年，客运车辆（PSV）的年检证书有效期为 3 个月或者 4 个月；用卡车运送工人，不属于客运车辆，年检证书仍然是一年；如果交警要求出厂五年内的新车办理年检证书，这是违法的。

3. 如果没有办理养路费证书，或者该证书已经过期，罚款 450 克瓦查。

4. 关于挡风玻璃裂缝，如果只是一两条裂缝，不影响司机视线，则不构成交通违法行为，也不应受到罚款。只有当挡风玻璃受到石头等物品的强烈撞击后出现大片裂缝，才会受到罚款。

5. 见习司机在学车过程中，必须持有临时驾照（Provisional Licence），这是一张纸，有效期为三个月，可以延期。持有临时驾照的见习司机不能单独开车，必须由具有三年驾龄的老司机陪同才能开车，而且在车的前面和后面都必须挂上"L"的牌子。如果违反了有关规定，那么需要缴纳的罚款包括：没有老司机陪同，罚款 300 克瓦查；车的前面没有挂上"L"的牌子，罚款 300 克瓦查；车的后面没有挂上"L"的牌子，罚款 300 克瓦查；合计罚款 900 克瓦查。

如果见习司机没有办理临时驾照，或者该驾照已经过期，那么要对车主罚款 450 克瓦查。

如果老司机是收取费用来帮助见习司机练习开车技术，但没有拿到教练许可证（Instructor License），那么将对老司机罚款 300 克瓦查。

6. 交通肇事之后逃逸，视情节轻重进行处罚，轻者罚款 450 克瓦查，重者要坐牢和判刑。

一旦遇到交通事故，不管事故多么小，也不要私了，而应在事发后的 24 小时之内报告警察进行处理，同时通知自己车辆投保的保险公司。如果在事发之后超过 24 小时才报警，则必须缴纳 450 克瓦查的罚款。

7. 从车窗向外面扔垃圾（例如啃完后的玉米棒子），罚款 900 克瓦查。

8. 只有载重量大于 3.5 吨的卡车，以及客运车辆（PSV）才需要强制配备灭火器。如果没有按规定配备灭火器，或者灭火器已经过期，则罚款 300 克瓦查。

值得注意的是，家用小轿车和越野车是不需要强制配备灭火器的，也不应为此遭到罚款。

9. 把车辆停放在没有划定停车位的主要公路上，属于妨碍交通（Obstruction），罚款 900 克瓦查。

10. 把车辆一部分停在马路牙子上面，一部分停在主要路面，属于不当停车（Wrong Parking），罚款 300 克瓦查。

11. 用绳子来拖走事故车，罚款 300 克瓦查。正确的做法是使用拖车杠（Tow Bar）来拖走事故车，如果实在找不到拖车杠（Tow Bar），那么使用比较粗的钢筋也是符合规定的。

12. 运送没有得到保护的乘客（Carry on unprotected passenger），罚款 300 克瓦查。例如使用卡车来运送工人时，出现乘客超载，或者乘客在车里站立而不是坐着，就必须缴纳 300 克瓦查的罚款。

13. 运送不安全的货物（Insecure Load），罚款 300 克瓦查。例如使用卡车来运输砂石料，由于超载或者没有进行适当的遮盖，从而导致砂石料掉落的现象，就必须缴纳 300 克瓦查的罚款。

第 10 章 其他须知

14. 如果机动车辆出现乘客超载现象，那么按照每人 300 克瓦查（注意：不是每次 300 克瓦查）进行罚款。

15. 如果轮胎的花纹磨平，或者钢丝露在外面，那么交警将判定轮胎不符合上路规定而进行罚款。

16. 在公路中间出现虚线，表明允许超车；在公路中间出现实线，表明不允许超车。

17. 每次超车时，只允许超一辆车。如果一次超两辆车，这属于交通违法行为。

18. 司机在开车时把手机放在大腿上，或者拿在手上查看信息，或者夹在脖子与肩膀中间接听电话，都属于交通违法行为，要予以处罚。

19. 如果刹车灯不亮，那么按照每个刹车灯 300 克瓦查进行罚款。

20. 对于超速的罚款，警察可以视超速多少而决定罚款多少，如果属于普通超速，罚款 300 克瓦查，如果超速过多，达到交警可以认定危险驾驶的程度，罚款 450 克瓦查。

21. 大多数城市的郊区路段限速为 65 公里/小时，市区限速为 40 公里/小时；城市间的柏油路部分路段限速为 80 公里/小时，部分路段限速为 100 公里/小时；按照法律规定，赞比亚任何公路的交通限速不得超过 100 公里/小时。

22. 购买机动车辆之后，必须在 14 天之内办理过户手续，需要提供 10 项文件，其中警察局出具 3 项文件、法院出具 1 项文件、买卖双方分别出具身份证件（如为个人，出具护照复印件；如为机构，出具公司注册证书等）、机动车辆的权属证书［俗称白皮书（White Book）］，公路运输和安全管理署（RTSA，类似于我国的车管所＋运输管理处）的过户申请表、机动车实际检测证书、赞比亚税务局（ZRA）的完税证明（Tax Clearance Certificate）。

23. 如果出现司机无法完全控制机动车（Driver not in full control of motor vehicle）的情形，罚款 300 克瓦查。例如，司机明明没有系安全带，看到前面有交警，匆匆忙忙系安全带，这时交警可能发现机动车出现不规则的行驶轨迹，就可以罚款 300 克瓦查。

24. 如果出现发动机开着而司机不在车里（Leave a running engine not attended to）的情形，罚款 300 克瓦查。例如司机把车停在路边去买东西，但是没有关掉发动机，交警可以罚款 300 克瓦查。

25. 如果机动车前面或者后面的车牌丢失，那么按照每个车牌 300 克瓦查进行罚款。

26. 购买新车之后、办好车牌之前，允许车主开着新车去办理有关手续，但是相关文件必须放在车里备查，而且在周六和周日必须停开新车，因为政府部门在周六和周日是不办公的，开车去办手续的说法是不能成立的。

27. 开车从相反方向进入单行道，罚款 900 克瓦查。

28. 在拐弯时要稍微停一下车，哪怕 5 秒或者 10 秒，然后通过拐弯处。如果高速通过拐弯处，那么交警可以根据车速多少进行相应的罚款：属于没有停车的情形，罚款 300 克瓦查；属于危险驾驶的情形，罚款 450 克瓦查。

29. 出现不必要的倒车情形，罚款 300 克瓦查。

30. 如果出现酒后开车的情形，交警将视情节轻重而进行相应的处罚。如果属于不太严重的情形，罚款 900 克瓦查；如果属于严重醉酒的情形，交警将把司机带到医院进行抽血化验，如果血液中的酒精浓度超标，交警将把司机起诉到相关法院，法官一般会判处 6000 克瓦查的罚金。

31. 为了快速审理交通违法案件，赞比亚司法系统在卢萨卡设立了快速通道法庭（Fast Track Court）。

32. 养成良好的开车习惯。上车之前，检查指示灯、刹车灯、大灯、雨刮器、轮胎等是否正常工作；上车之后，找出驾照，系好安全带；开车时，不要超速；遇到交警时，按要求出示驾照，不要跟交警吵架；出现交通违法行为时，向交警索要发票。

10.2.3　2019 年交通违法处罚金额一览表

根据赞比亚法典第 3 卷第 45 章《收费和罚金法》（The Fees and Fines Act）2015 年第 41 号法令的有关规定，各种交通违法行为的相应处罚金额如下所示：

交通违法行为	处罚金额
1. 无车辆检测合格证	K225
2. 无年检合格证	K450
3. 驾驶未缴纳养路税的机动车辆	K450
4. 驾驶未买保险的机动车辆	K900
5. 准许他人驾驶未买保险的机动车辆	K900
6. 粗心驾驶	K225
7. 鲁莽/危险驾驶	K450
8. 无驾驶证开车	K450
9. 准许无驾驶证的人开车	K450
10. 各种车辆缺陷	K300
11. 每超载 1 名乘客	K300
12. 违反公共服务车辆（PSV）规定	K900
13. 没有展示车牌号码	K300
14. 不遵守公路交通标志	K300
15. 载运缺乏保护措施的乘客	K300
16. 无法出示驾驶证	K450
17. 超速开车	K300
18. 没有穿公共服务车辆（PSV）制服	K300
19. 不必要的倒车	K300
20. 开车时使用手机	K450
21. 载运缺乏安全措施的货物	K300
22. 初学者开车没有陪伴的老司机	K300
23. 初学者开车没有展示"L"车牌	K300
24. 没有展示机动车辆的符号	K300
25. 司机无法完全控制机动车辆	K300
26. 用机动车辆阻塞道路	K900
27. 不服从警察的指令	K300

28.	疏忽大意地开车门	K300
29.	没有系上安全带的每名乘客	K300
30.	公共客运车辆（PSV）每超载1名乘客	K60
31.	没有变更机动车辆所有权	K450
32.	车牌号码模糊	K450
33.	车牌号码无法辨认	K450
34.	不适当地拖运故障车	K300
35.	错误地停车	K300
36.	乘客出现非法行为	K300
37.	重型车辆停放在未经许可的区域	K300
38.	酒后驾车	K6000
39.	驾驶没有上牌的机动车辆	K450
40.	准许他人驾驶没有上牌的机动车辆	K450
41.	使用私家车充当公共服务车辆（PSV）（旅客）	K900（司机和车主）
42.	使用私家车充当公共服务车辆（PSV）（货运）	K900（司机和车主）
43.	粘贴虚假的符号	K30000
44.	没有挡泥板	K300
45.	没有配备急救箱	K300
46.	没有配备灭火器	K300
47.	没有三角警示牌	K300
48.	没有雨刮器	K300
49.	非法模仿有关文件	K30000
50.	提供虚假的信息	K3000
51.	噪声超标	K300
52.	没有给火车让行	K300
53.	招徕乘客	K300
54.	未经许可地使用货运车辆运送乘客	K300
55.	破损的挡风玻璃	K300
56.	没有报告交通事故	K450

57. 没有向伤员提供救助		K4500
58. 不必要地排放烟雾或燃油		K300
59. 从机动车辆往外面扔杂物		K300
60. 出现交通事故后没有停车		K450
61. 收费教初学者开车却没有教练许可证		K300
62. 在危险条件驾驶机动车辆		K300
63. 在学校路口没有停车		K300
64. 当乘客在车上时给公共服务车辆加油		K300
65. 滥用机动车辆经销商的许可证		K450
66. 驾驶公共服务车辆却未满25岁		K450
67. 摩托车司机和乘客没有戴头盔		K300
68. 用欺诈手段申请驾驶证		K900
69. 过量排放烟雾或燃油		K300
70. 在发动机运转时离开机动车辆		K300
71. 没有贴反光条		K300
72. 没有后视镜		K300
73. 机动车后面突出的装载物没有绑红旗		K300
74. 行人乱穿马路		K900
75. 公共服务车辆（PSV）没有安装限速器		K450
76. 运送站着的每个乘客		K300
77. 抓住或者登上正在行驶的机动车辆		K300
78. 干涉机动车辆		K900
79. 未能出示机动车辆的有关文件		K300

10.2.4　2022年公路超速罚款的最新规定

2022年第8号法律《公路交通（修正）法》由希奇莱马总统于2022年8月9日签署同意后生效，该法律在公路超速方面给司机提供了一定的容忍范围。

1. 限速为每小时60公里以下的路段，允许在超速10%之上增加2公里。例如，在限速为（每小时）30 公里的路段，车速达到 35 公里的司机不会受到罚款；在限速为（每小时）40 公里的路段，车速达到 46 公里的司机也不会受到罚款。

2. 限速为每小时 60 公里及以上的路段，允许比规定的限速超过每小时 10 公里。例如，在限速为（每小时）60 公里的路段，车速达到 70 公里的司机不会受到罚款；在限速为（每小时）80 公里的路段，车速达到 90 公里的司机不会受到罚款；在限速为（每小时）100 公里的路段，车速达到 110 公里的司机不会受到罚款。

根据 2022 年第 8 号法律《公路交通（修正）法》，公路超速的罚款金额将与超速比例有关，具体规定如下：

1. 在可以容忍的限速之上，但是没有超过每小时 15 公里，罚款金额不超过 750 个罚金单位（即 225 克瓦查）。例如，在限速为（每小时）60 公里的路段，如果你的车速达到 80 公里，则必须缴纳 225 克瓦查的罚金。

2. 在可以容忍的限速之上，超过每小时 15 公里、但是没有超过每小时 30 公里，罚款金额不超过 1000 个罚金单位（即 300 克瓦查）。例如，在限速为（每小时）60 公里的路段，如果你的车速达到 95 公里，则必须缴纳 300 克瓦查的罚金。

3. 在可以容忍的限速之上，超过每小时 30 公里、但是没有超过每小时 45 公里，罚款金额不超过 1250 个罚金单位（即 375 克瓦查）。例如，在限速为（每小时）60 公里的路段，如果你的车速达到 110 公里，则必须缴纳 375 克瓦查的罚金。

4. 在可以容忍的限速之上，超过每小时 45 公里、但是没有超过每小时 60 公里，罚款金额不超过 1500 个罚金单位（即 450 克瓦查）。例如，在限速为（每小时）60 公里的路段，如果你的车速达到 125 公里，则必须缴纳 450 克瓦查的罚金。

5. 在可以容忍的限速之上，超过每小时 60 公里或者更高，罚款金额不超过 3000 个罚金单位（即 900 克瓦查）。例如，在限速为（每小时）60 公里的路段，如果你的车速达到 130 公里，则必须缴纳 900 克瓦查的罚金。

10.3 执法程序须知

10.3.1 赞比亚法律关于保释的规定

警方保释或者法院保释（Police Bond/Bail）是被指控的人员或担保人向警方或法院出具的书面担保文件，一旦该文件列明的被逮捕人未能在规定日期出庭受审，则必须缴纳固定金额的保证金。警方保释（Police Bond）通过交给警察局，并且由该警察局的局长进行批准。法院保释（Bail Bond）是面临刑事犯罪指控、等待法院审判的被告人从某个执法机构的监禁场所获得释放的法律文件。当任何被指控的人员获得警方或法院保释（Police Bond/Bail），并不表明他已经摆脱被指控的罪名，而是必须在相关文件列明的日期、时间和地点出庭受审。

1. 被指控人员获得警方或法院保释的条件

为了向被指控人员提供警方或法院保释，下列条件必须满足：

（1）在保释期间不得从事任何刑事犯罪活动；

（2）不得干扰证人；

（3）必须和平相处、举止端正；

（4）必须提供警方或者法院认为足够的担保人，从而担保其按时报到；

（5）如果警方或者法院认为适当的话，可以允许其本人具结担保而被释放；

（6）不得面临无法保释的指控罪名，例如谋杀（Murder）、叛国（Treason）、包庇叛国犯（Misprison of Treason）、严重叛国（Treason-Felony）、恶性抢劫（Aggravated Robbery），如果属于盗窃机动车辆的指控罪名，必须是初次作案；

（7）如果面临《国家安全法》（State Security Act）的指控罪名，并且被检察署长（Director of Public Prosecution）认定其保释有可能使共和国的安全和利益受到威胁：任何基层法院、高级法院或最高法院不得对其提供保释，或者由任何警方进行释放；

（8）如果属于现金保释（Cash Bail）的情形，则被指控人员必须缴纳法院规定的保证金，其金额必须是固定的，并与有关案件的具体情形匹配，但不得规定过高的金额；

（9）被指控人员获得警方保释（Police Bond）无须缴纳任何保证金，因为警方保释（Police Bond）是免费的；

（10）同意被指控人员本人具结保释的相关法院或者警方可以接受用现金、资产形式的押金来代替需要执行的保释文件，并且把保释文件适用的相关条件转移到这种押金，一旦违反相关条件，则这种押金将予以没收。

2. 警方或法院保释（Police Bond/Bail）的取消

一旦出现下列情形，则警方或者法院可以随时废止或取消警方或法院保释（Police Bond/Bail）：

（1）无法与人和平相处，或者举止不端；

（2）在保释期间从事刑事犯罪活动；

（3）干扰证人；

（4）未能出庭受审；

（5）担保人撤回担保；

（6）如果接受了错误的、欺诈的或者数量不足的担保人（Sureties），或者担保人在今后变得数量不足，则法院可以颁发逮捕令（Warrant of Arrest），要求把保释人员带回来，责令他寻找足够数量的担保人，如果他无法找到足够数量的担保人，则可以把他送到监狱关押。

10.3.2 赞比亚法律关于担保人（Sureties）的规定

担保人是指在被逮捕人获得法院保释（Bail）或警方保释（Police Bond）之后，担保其按时出庭受审的人员。如果被担保人无法出庭受审，担保人必须向法院提供合理的解释。

1. 担保人签署警方或法院保释文件的条件

在签字成为担保人之前，有关条件必须得到满足。这包括：

第 10 章　其他须知

（1）担保人必须向警方或者法院担保，在获得警方保释或法院保释之后，被逮捕人将按时出庭受审；

（2）担保人必须具备固定的居住场所；

（3）担保人必须是值得信赖的人，或者是没有刑事犯罪记录的人；

（4）在某些场合，担保人必须缴纳现金，一旦违背了有关条件，这些现金将被没收。

2. 担保人的取消

（1）担保人可以向裁判官（Magistrate）申请取消保释，可以是完全取消保释，也可以是仅仅取消与某个或某些申请人相关的保释；

（2）一旦上述申请获得裁判官的批准，则可以颁布逮捕令，责令警方把被释放人员带到该裁判官的面前；

（3）随着担保人的取消，获得警方保释（Police Bond）或者法院保释（Bail）的人员可以被抓回监狱候审，除非他/她找到其他的担保人；

（4）如果担保人在警方保释或者法院保释收回之前死亡，则其财产可免于遭到扣押，但警方保释的发布人必须找到一个新的担保人。

备注：在现金保释的情形下，如果有关条件没有被违背，则已经缴纳的现金押金可以向书记官（Clerk）申请退回。

3. 被逮捕人在获得警方或法院保释后没有出庭受审的后果

（1）承诺的担保金额将被没收；

（2）如果是现金保释，已经缴纳的现金押金将被没收；

（3）如果被逮捕人没有出庭受审，则担保人必须向法院提出合理的解释；

（4）在适当的情形下，或者当承诺的担保金额没有支付时，担保人必须坐牢；

（5）当被逮捕人弃保潜逃而没有合适的理由时，则可以对潜逃的被逮捕人颁发逮捕令，并且传唤担保人。一旦保释对象被逮捕归案，则他/她必须缴纳法院保释或警方保释列明的保证金；

（6）如果担保人拒不服从传唤令（Summons），则可以对其颁发逮捕令，将其送到监狱关押，直到其缴纳了规定的保证金；

（7）当法院获得可靠的通知，获悉法院保释或警方保释的对象即将离开赞比亚，则法院可以责令逮捕该人，并且送到监狱关押，除非他在提供更多的保证金之后再次获得法院保释；

（8）在任何时候，当任何人无法按照保证书列明的时间和地点出现时，则根据有关法令，法院可以在保证书后面进行背书，把该保证书予以没收；

（9）当保证书被没收后，法院可以颁发对保证书列明的保证金额的扣押令（Warrant of Distress），或者发布对于保释对象及其担保人不超过6个月有期徒刑的判决，除非保证书列明的金额能够更快地缴纳给有关机构；

（10）颁发扣押令的法院可以在其管辖范围内执行该命令，并在规定的限额内批准扣押和出售保释对象及其担保人所属的任何财产，如果获得相关财产所在地的一级或二级法庭的裁判官（Magistrate）的背书，则不受上述规定限额的限制。

10.3.3 关于被执法人合法权利的答疑

2017年12月2日，赞比亚华侨华人总会（简称总会）在卢萨卡市举办了"赞比亚执法程序和被执法人合法权利"的咨询座谈会。总会副会长莫星、法律事务中心负责人方力、总会协作律师姆万戈拉·扎露米斯、赞比亚内政部移民局风险管理和合规部门官员斯图尔特·奇亚伊卡、内政部警察局调查与规划科官员彼得·穆塔勒、警察局法务部门代表布伦达·辛迪姆巴、内政部调查和规划科官员克利纳·里索洛等出席该会议，对于有关问题进行了答疑。

1. 如何应对执法部门的强制性执法

首先，面对赞比亚执法部门的强制性执法时，受检人员不应对执法人员提出的要求进行激烈抗争，应该先配合执法行动，并尽量冷静、沉着地向对方陈述和解释。如有语言障碍，在条件允许的情况下，受检人员可以向朋友或律师打电话求助；在可能的条件下，受检人可以存留图片、视频等资料，即使不能作为法律证据，也有利于后期申诉。如在交涉过程中，

第 10 章　其他须知

受检人被带回警察局或移民局进行讯问,也应冷静处理,并尽早向执法人员提出自己的合法要求,以及向律师和他人求助的诉求。

2. 如何甄别执法者身份的合法性

针对赞比亚警察局与移民局的执法,通常受检人凭常识可以通过执法人员的制服和工作证件确认其身份,但有不少的法律条款提供了执法者可以不标明身份先行执法的情形,特别是穿着制服的情况下。如果在某些情况下,执法人员既未穿着制服,也无法提供有效证件,那么受检人必须高度警觉,需立即尝试联系包括警察局和移民局在内的相关部门,确认当天是否在该区域有执法活动。赞比亚的目前法律不健全,执法不规范的情况也非常普遍,仍需大家多积累经验,建议在遭遇执法检查时,受检人应尽早与律师取得联系。

3. 如何应对便装执法

针对身着便装的执法人员,受检人可以要求确认其工作证等证件。对于执法团队,受检人也应确认他们的执法行为是否合法合规,若出现不合理行为,需要提高警惕。

4. 赞比亚执法部门是否允许单个官员的独立执法行为

赞比亚法律没有明文禁止单个官员的执法行为。一般来说,团队执法的方式更为普遍,但我们不能排除单个官员独立执法的合法性。万一遇到单个官员的独立执法情形,大家要多一些警觉。

5. 执法人员在工作时间以外登门检查,受检人是否有权拒绝

从理论上来讲,受检人无权拒绝执法人员在工作时间以外的登门检查,但具体情况仍需具体分析。例如,警察在深夜执行任务,受检人可以要求他们出示证件来甄别其身份。根据有关法规,警察部门进行搜查活动时,一般会持有搜查令(Search Warrant)。如果在不能确认安全的情况下,受检人可以先拖延开门检查时间,同时联系律师,由律师帮助自己确认执法人员的身份。

6. 移民局拘留涉嫌违法的外国人有什么规定

在受检人违反移民法规的情况下,例如无证工作等,移民局可对没有持有合法证件的受检人拘留长达 14 天。因此,外国人应随身携带合法、有

效的身份证件，如护照、工作证的原件或者经过公证过的复印件。

7. 移送出境（Removal）与驱逐出境（Deportation）有什么区别；在这两种情况下，如何返回赞比亚

当受检人被确认为"禁止入境的移民"（prohibited immigrant）时，移民局可对受检人进行移送出境（Removal）。遭到移送出境（Removal）后，被移送出境的外国人可向内政部长提出申诉，在内政部长通过有关程序推翻原有决定后，方可再次申请签证。

一旦因为非法移民而被移民局驱逐出境（Deportation），那么被驱逐的外国人只有向法庭申诉，经法官批准后才可入境。

8. 拍摄执法过程是否合法

受检人员在遇到执法行为时是否有权进行录像或摄影，目前赞比亚法律没有明确的规定。但是在执法人员认为受检人员干涉公务的情况下，录像或摄影行为肯定会被制止甚至导致其他后果。至于什么情况才能认定为"干涉公务"，比如隔着很远拍视频是否一定构成干涉公务，有关法律的规定比较模糊，容易被执法人员滥用。对于执法人员强行关闭视频的情况，据赞比亚警察局与内政部相关官员声称，真正的执法人员不会去关闭受检人员已经安装的摄像设备，只有不法分子才担心被拍摄。但是不排除为保护证人的情况下，执法人员要求关掉摄像设备，这时受检人员不能拒绝。同时，在实际操作过程中要注意，一旦录影、录像行为被执法部门强行认为是妨碍公务，将给受检人带来更多麻烦。因此在取证时，如果执法人员要求停止取证，受检人坚持继续拍摄，受检人必须有足够的综合应付能力才行。

9. 执法行为遭遇争议，受检人可否等律师到场后再要求执法

在执法过程中，当执法人员执法和受检人有争议时，受检人在一定时间点有取得律师法律援助的权利，但是执法人员在绝大多数情况下，没有要"等待"受检人律师到场再进行执法的义务。比如说，移民局怀疑受检人涉嫌非法移民，不用等到律师到场就可以把其带走；但在特定的搜查情况下，执法人员必须等待受检人的律师到场才能进行执法。

10. 如何应对证件合法时被执法者强行带走的问题

外国人在赞比亚居留期间，要随身携带护照、工作证等合法证件的原件或经过公证的复印件。然而，在怀疑受检人有违法嫌疑的情况下，或以配合调查为理由，即使受检人持有有效证件，执法部门也有权将受检人强行带走，再进行筛查，这时受检人有权打电话寻求律师的帮助。

10.4　警方关于人身攻击案件的处理流程

在赞比亚的日常生活中，中国人与赞比亚人之间有时难免发生肢体冲突，如果任何一方受到伤害，则可以前往赞比亚警方报案，声称受到另一方实施的人身攻击（Assault）。一般来说，人身攻击案件属于自诉案件，赞比亚警方关于此类案件的处理流程如下：

1. 为受害人录制口供。

2. 在受害人的指认下，逮捕加害人。

3. 如果加害人找到一位担保人，则可以获得免费的警察保释（Police Bond）。担保人可以是赞比亚人，也可以是外国人。如果加害人找不到任何担保人，则必须被关押在警方看守所。

4. 受害人前往相关医院，由具有行医执照的大夫进行验伤，然后把相关医院盖章、接诊大夫签字的诊断报告交给警方。

5. 如果诊断报告表明受害人没有受到因人身攻击所带来的身体伤害，则警方将训斥假冒的受害人，然后终止处理该案件。如果诊断报告表明受害人确实受到因人身攻击所带来的身体伤害，则警方按照有关法律规定来继续处理该案件。

6. 如果受害人选择与加害人通过协商方式来解决问题，则在警方的主持下，受害人与加害人协商出来双方认可的赔偿金额，然后由警方终止处理该案件。如果受害人选择起诉加害人，则警方必须进行补充调查，包括但不限于传唤双方提出的证人来录制口供、勘查案发现场、收集作案工具等。

7. 受害人和加害人前往有关法院，由相关法官来判决谁是谁非。

10.5　中赞两国文书的相互认可程序

10.5.1　什么文书需要认可

只有获得对方国家的认可之后，下列文书才能具备法律效力：
1. 驾照和其他职业资格证书；
2. 毕业证、学位证；
3. 结婚证、离婚证；
4. 出生证、死亡证；
5. 劳动合同、商业合同等；
6. 离婚协议；
7. 其他文书。

10.5.2　中国文书如何在赞比亚获得认可

第一步，由中国所在地的公证处，对于中国文书及其英文翻译件进行公证；

第二步，在省级外事办公室或者国家外交部领事司，对于公证书进行认证（主要是确认有关文书的签字或者印鉴是否属实）；

第三步，拿到上述认证之后，在赞比亚驻北京大使馆或者驻广州总领事馆进行再次认证（主要是确认有关文书的签字或者印鉴是否属实）；

第四步，把经过一次公证和两次认证的文书带到赞比亚，就可以获得所有司法和行政机构的认可。

10.5.3　赞比亚文书如何在中国获得认可

第一步，请赞比亚律师或者公证员对于赞比亚文书的复印件和原件相符情况进行公证；

第二步，把公证后的赞比亚文书送到赞比亚外交部进行认证（主要是确认有关文书的签字或者印鉴是否属实）；

第三步，把赞比亚外交部认证后的赞比亚文书送到中国驻赞比亚大使馆进行再次认证（主要是确认有关文书的签字或者印鉴是否属实）；

第四步，把经过一次公证和两次认证的赞比亚文书带到中国，可以获得中国所有司法和行政机构的认可。

10.6 赞比亚的公共假期（2022年）

1月1日，元旦

3月8日，国际妇女节

3月12日，青年节

4月15日，耶稣受难日（复活节前的星期五）

4月16日，神圣周六（复活节前的星期六）

4月18日，复活节后星期一

4月28日，肯尼思卡翁达总统诞辰日

5月2日，劳动节（因5月1日适逢星期天而顺延）

5月25日，非洲团结日

7月4日，英雄日

7月5日，团结日

8月1日，农民日

10月18日，国家祈祷日

10月24日，独立日

12月26日，圣诞节（因12月25日适逢星期天而顺延）

后　记（2020）

本书是在《赞比亚政策法规须知（2018）》、《赞比亚政策法规须知（2019）》、《赞比亚政策法规须知（2020）》、《赞比亚最低工资法规（2018）》的基础上，由赞比亚华侨华人总会副会长兼铜带省分会会长王新编著而成。

在赞比亚工作和生活的十三年里，我耳闻目睹过太多的中资企业和中国同胞由于不了解赞比亚政策法规而陷入困境的惨痛教训，因此本书编著的初衷是为中资企业和中国同胞了解赞比亚的政策法规提供一扇"窗口"，以期达到多走正道、少走弯路的目的。为了让更多人能够看懂和掌握晦涩难懂的政策法规，本书坚持使用通俗的语言，有话则长、无话则短，对于容易误解之处反复叮嘱、不厌其烦，而对于不言自明之处则点到为止、一笔带过。

在本书的编著过程中，有关方面提供了大力支持。其中第四章"移民事务须知"的"关于工作证变更雇主相关问题的答疑"由赞比亚中华河南同乡会秘书长邢万里提供部分素材；第七章"土地交易须知"的"非赞比亚公民获得赞比亚地契的资格条件"和"土地交易注意事项"由赞比亚华侨华人总会原执行会长方力、原秘书长田地撰稿；第九章"资金流动须知"的"银行开户须知"和"银行转账须知"由原英国巴克莱银行赞比亚分行客户经理李丹女士提供素材和进行校对。

本书的出版和上述内部出版物的印刷工作获得我国驻赞比亚大使馆、赞比亚华侨华人总会会长张键和原执行会长方力的大力资助，运输和发行工作获得赞比亚众多热心侨胞的鼎力相助，在此一并致谢。我要尤其感谢我的爱人郝胜华女士，没有她对于我从事社会公益事业的体谅、包容和信任，本书不可能面世。

由于赞比亚的政策法规一直处于调整变化之中，为了避免陷入刻舟求剑的局面，本书计划每年或每两年修订一版，希望得到广大读者的喜爱和支持。

后　记（2022）

在《赞比亚政策法规须知（2020）》的基础上，本书根据赞比亚最新的法律法规变化情况进行了修订。其中，赞比亚税收法规的调整是最频繁的，每年财政部长向国民议会提交下一年度国家预算草案时，都会提出一系列税收法规的调整内容。在过去的两年里，劳动和社会保障部出台了（获准为他人运送货物的）卡车司机和（获准载运40名或更多乘客的）巴士司机的最低工资法规，改变了关于员工享受带薪休假的实施意见，商贸工业部所属的赞比亚发展署修正了关于申请投资注册证书必须提交的相关文件清单，内政和国内安全部所属的移民局调整了各类移民许可证和签证的官方费用。这些政策法规的变化情况都可以在本书找到相关内容和解读。

为了帮助广大华侨华人灵活运用赞比亚法律法规，本书还增加了比较实用的劳动纠纷处理的案例分析，并列出了赞比亚警方关于人身攻击案件的处理流程，以及中赞两国文书的相互认可程序。

在本书的修订和印刷过程中，我国驻赞比亚大使馆、赞比亚华侨华人总会会长张键、福建同乡会会长高友贺、河南同乡会执行会长黄要池、川渝同乡会会长许琼、三和物流运输赞比亚公司、百固商品混凝土公司、卢萨卡水泥瓦公司、中宝矿业公司、第一资本银行、廉超、唐莉芬、程志刚、陈承耀、许敬、邢万里、张为胜等提供了大力资助，跨国物流工作得到赞急达国际物流集团公司的鼎力相助，在此一并致谢。